# 胜利的法则

## ——从孙子兵法到麦肯锡的商业战争智慧

戦略の教室古代から現代まで2時間で学ぶ

[日] 铃木博毅 著
邓多 译

后浪出版公司

江西人民出版社

# 前言 人类3000年来的战略，我们为什么要学习？

近年来，对历史和古典的关注，正隐隐成为一种热潮。

宏观地回望历史，并再度学习历史教训的人在逐渐增多。诸如《枪炮、病菌与钢铁》[①]等俯瞰历史的佳作被广泛阅读。

因为我们身处的时代，我们无法清晰地看到乐观的未来，所以才需要从历史的变革中寻找启示。我们寻找的也不是雕虫小技，而是能够洞察人类本质的智慧。

从孙子、克劳塞维茨、兰彻斯特、德鲁克、波特、科特勒、麦肯锡公司到克里斯坦森，通过本书，读者可以一口气读完人类3000年历史中的重要战略，了解它们的精髓。

我们需要了解的不仅仅是某一单独的战略，而是要在历史全局中对它们加以审视俯瞰，这样才能有助于我们洞察历史变革的一切。学习3000年来的战略，这不是怀旧主义，而是为了破除眼前的迷障。学习过去的经验，在当下活用，筑梦未来。

## 严格筛选有用的战略

从古代的军事战略到现代的经营战略，本书将古今中外的重要战略加以甄选、分类和整理，希望对这几类人能有所助益：为企业转型而烦恼不堪的经营者；必须带领团队拿出成绩的领导者；无论如何都

---

[①] 贾雷德·戴蒙德著，谢延光译：《枪炮、病菌与钢铁——人类社会的命运》，上海：上海译文出版社，2006年4月，第1版。

想达成目标的商人；以及欲解决所有商业问题的人。

在人类3000年的历史中，掩盖着无数的战略。本书的终极目标就是为当代商人筛选出有益的战略，并使其能够活用于商业现场。

- 古代战争中的战术及统率力
- 在近代战争中左右胜负的军事战略
- 让组织高效发挥机能的经营法则
- 使效率最大化的生产线管理方法
- 在市场中超越对手的竞争战略
- 描绘蓝图，提高员工工作动力的战略
- 打破固有观念的创新战略

本书将对以上这些战略加以解说，使其能够运用于现代商业中。

如今，商人们都希望自己拥有战略性思维。以往那些由于不得要领而不得不放置的课题，在本书中，你必定能找到破解的策略。

## 从无数战略中，我们获得了超越个人的智慧

在历史小说《孙子》（海音寺潮五郎著）中，有"兵法学者"和"兵法家"两种人。"兵法学者"是指直接背诵教科书的人，"兵法家"则是指能游刃有余地运用兵法的人。

战略如果仅仅被当作知识是毫无意义的。

将战略要点加以整理，让读者能够运用才是我们的目的。

从无数战略中获得超越个人的智慧，这也是本书的目标。作为古代兵法名作的《孙子兵法》，受到微软前董事长比尔·盖茨及已故松下总裁松下幸之助的喜爱，不正是因为他们看穿了古代战争跟时下商业的共通之处吗？

学习那些突破时代界限的战略家的思想，一定会让我们在未来开

拓出新天地。

**现代商业和古代战争共通的"胜利法则"**

　　新的战略在学习以往战略的过程中产生。活跃于公元前5世纪的孙武、公元前4世纪的亚历山大大帝，他们也学习了前人的战史。

　　《孙子兵法》是距今2500年前的著作，其中反映了许多前人的智慧。本书以3000年作为战略的历史跨度，也正是因为如此。

　　那么，古代战争跟现代商业的共通之处究竟是什么呢？

　　是人类战争中不变的本质。战争和以在竞争中获胜为目的的现代商业，都是为了一决雌雄。

　　本书通过对诸多战略的分析及提炼，将隐秘的战争"胜利法则"以浅显易懂的方式呈现给大家。

　　为了打败对手，怎样制定战略？

　　为什么要组合战略，它又适用于什么样的战场呢？

　　通过战略的力量，可以消灭一个国家，亦可以创建超级帝国。3000年来，战略让人类流了无数的血泪，也让人类拥有了无上的荣光。

　　战略的真相会让人脊背发凉。正是它的作用，才产生了各个时代国家的盛衰荣辱。

　　如今的战场上，使用的是什么战略？

　　你听到敌军骑兵愈来愈响的马蹄声了吗？

　　敌我双方正在激战，你听到大炮的轰鸣了吗？

　　你听到生死一瞬拼尽全力挥砍刀剑的金属声了吗？

　　千军万马的生死、家族的名誉、挚爱之人的命运，这些都与你的战略息息相关。

　　那充满轰鸣、嘶吼及悲鸣的战场，急需你去扭转。唯一的突破口，就是制定的战略。我方人员都忍受着战争的残酷凝望着你，等待你发号施令。

从想要锻炼自己战略思维的商人，到决定公司命运的经营者，以及欲打破团队封闭的领导，都能通过本书介绍的战略历史找到解决方略。

战略能帮助你打开那些无法打开的门，它是人类创造出来的工具。希望本书能够帮助各位读者打开属于自己的未来之门。

铃木博毅

2014年7月

# 目 录

前言 / 1

## 第1章 决定胜负的领导力战略 / 1

### 01 逆向战略／孙武"孙子兵法"：攻敌不备，以少胜多 / 2
2500年前的一位天才军事谋略家 / 3
"兵不厌诈" / 3
能从孙子兵法中学到哪两个要点？ / 4
战争中必胜的原则 / 6
决战之前定胜负？ / 7

### 02 突破战略／亚历山大大帝"东征"：迅速开疆拓土 / 8
欧洲历史上最强大的英雄 / 9
缔造超级帝国的三种力量 / 9
亚历山大大帝的领导奥秘 / 12

### 03 掌控人心战略／马基雅维里"君主论"：制定正确的目标，让人为之奋斗 / 14
从执掌一国外交大权，到一无所有 / 15
统治者的领导能力决定一国存亡 / 15

领导必备的生存条件 / 17

被排挤？说明你很优秀 / 19

## 第2章　决定战局的军事战略 / 21

### 04　兵力最大化战略 / 拿破仑"革命战争"：将凡人打造成最强的军队 / 22

面对危机，浴血奋战的法国军队 / 24

拿破仑席卷欧洲的三大原动力 / 24

提高个人意识，先下手为强 / 27

### 05　逆转优势战略 / 克劳塞维茨"战争论"：效仿对手的强项，弱化对手 / 28

战败国的秘密军事改革 / 29

四名被俘军官导演的逆袭之战 / 30

弄清法军的强项！ / 30

让普鲁士逆转的两大战略 / 31

天才不可能超越法则：解开普鲁士胜利的秘密 / 34

### 06　间接路线战略 / 李德·哈特"战略论"：避免正面交锋，创造胜利机会 / 36

一战最惨烈的战争和间接路线战略 / 37

突击准备充足的敌军，无疑是自取灭亡 / 37

"集中攻击对方弱点"也适用于现代社会 / 38

希特勒从鼎盛跌落谷底的原因 / 41

### 07　适应战略 / 威廉森·默里"缔造战略"：战略制定过程

决定能否取胜 / 42

哪些因素影响着你的决策？ / 43

英国的"历史经验"助长了纳粹的扩张 / 43

过去的教训真的正确吗？ / 44

没落始于缺乏正确的企业文化 / 46

缺乏整体理解，必然导致失败 / 47

## 第3章 让生产最大化的效率化战略 / 49

08 效率战略／弗雷德里克·泰勒"科学管理法"：消除看不见的浪费，实现成果最大化 / 50

看不见的浪费 / 51

工人消极怠工的原因是什么？ / 51

如何在杂乱无章的工作中找到潜在的优势？ / 52

09 优化战略／大野耐一"丰田生产方式"：拷问现状，创新生产方式 / 56

挑战发明狂人丰田佐吉的"世界" / 57

福特式的大规模生产也有弊端 / 58

小规模生产也能降低成本吗？ / 59

要反复问"为什么" / 60

丰田成为世界顶级企业得益于生产体系的创新 / 62

10 时间削减战略／乔治·斯托克"时基竞争"：缩短利益生产环节的时间 / 64

在"时间"上处于优势有什么好处？ / 65

亚马逊是典型的时基竞争型企业 / 66

让缩短时间成为产品升值和吸引顾客的引擎 / 67

无论什么时代，顾客都需要快捷 / 67

## 第4章 打破组织界限的执行力战略 / 69

**11** 知识创造战略 / 野中郁次郎和竹内弘高"知识创造企业"：让组织创造新的成功方程式 / 70

松下电器的复活 / 71

这样合并不就没意义了吗？/ 71

获得组织外的知识，从内部打破壁垒 / 72

要对知识进行快速创新 / 73

隐性知识因为不为人知，所以才有优势？/ 74

**12** 组织的动机战略 / 彼得斯"追求卓越"：通过动机形成来激发卓越执行力 / 78

激发平凡人身上的非凡能力 / 79

冷血组织无法激发员工的热情 / 79

人才才是关键 / 80

卓越企业消失之谜 / 82

小企业的大胆 / 83

**13** 组织进步战略 / 吉姆·柯林斯"基业长青"：通过组织愿景获得超越时代的永生 / 84

畅销书里的"长青法则" / 85

优秀企业不需要领袖人物，也不需要伟大的构想 / 86

衰落企业与长青企业的不同 / 87

索尼差一点成为电褥垫公司 / 88

要成为特别的企业 / 90

## 第5章　创造卓越的目标达成战略／91

### 14　自我管理战略／德鲁克"卓有成效的管理者"：改变个人习惯，在组织中创造成果 / 92

让经理人拿出成果的工作技巧 / 93

妨碍个人拿出成果的四个现实 / 93

拥有这么多劣势，为什么还要建立组织？ / 94

用五个习惯来规避组织的不足 / 95

在事业长河中逆流而上 / 96

### 15　激情杠杆战略／彼得斯"成为卓越员工"：通过自我管理，最大限度发挥个人实力 / 98

彼得斯的毕生经验：改变人生的战略 / 99

很多人的工作能力都被自己束缚了 / 99

用"霍桑效应"让员工和团队更优秀 / 100

用"霍桑效应"突破自身限制？ / 101

设定不同的目标，成果也会大不相同 / 102

理论和分析，挡不住激情和积极性 / 103

# 第6章 战胜对手的竞争战略／105

**16** 兰彻斯特战略／弗雷德里克·兰彻斯特"兰彻斯特法则"：
用数学模型来以弱胜强／106

　　英国工程师建立了战术数理模型／107

　　用数学模型演绎弱者战略和强者战略／107

　　区分竞争目标和攻击目标／108

　　第一主义／110

　　丰臣秀吉和拿破仑的共同点／111

　　战略关系与个人情感分离／112

**17** 竞争优势战略／迈克尔·波特"竞争战略"：打破进攻
和防守赢得竞争／114

　　"防守"与"进入"是竞争的两个基本行为／115

　　大举进军龙虾业，却惨遭破产／115

　　"进攻"和"防守"决定胜负／116

　　用五种竞争作用力思考龙虾业／118

　　波特的三个基本战略／120

　　关于手段的考察必不可缺／122

**18** 创造市场战略／钱·金和勒妮·莫博涅"蓝海战略"：
通过差别化和低成本，打开新市场／124

　　太阳马戏团：在夕阳产业中成为销售额第一／125

　　不与竞争者竞争／126

　　用差异化和低成本扩大市场／126

重新建构市场边界的六个基本法则 / 127

挖掘最深处的金矿 / 130

## 第7章 解决问题的框架战略 / 131

### 19 问题解决战略 / 麦肯锡"7S"和"PMS"：快速找到问题点的思考框架 / 132

从财务服务起家的麦肯锡 / 133

20 世纪 70 年代的转折：成为战略咨询公司 / 133

决定产品、市场战略的"PMS" / 136

如何做最强的智囊团体？ / 138

发现问题和有效讨论 / 139

### 20 成长概念化战略 / 波士顿咨询"经验曲线"和"PPM"：概念化优秀企业的成功秘密 / 140

为什么相比大型企业，利基企业更容易实现低成本？ / 141

20 世纪 60 年代出现的两个新问题 / 141

"经验曲线"与"PPM"成为 BCG 的代名词 / 142

日本企业繁荣的秘密 / 146

发现竞争优势差距的三个视点 / 147

### 21 市场营销战略 / 菲利普·科特勒"营销管理"：提高销售额必须要做的事情 / 148

宜家的销售美学 / 149

世界权威如何定义市场营销学？ / 150

营销管理的五个步骤 / 150

科特勒给通用电气高层提出的四个课题 / 153

重要的不是怎么销售，而是"应该做些什么" / 153

要获得成功我们应该做些什么？ / 154

## 第8章　解决问题的框架战略 / 155

### 22　应对变化的战略 / 钱德勒"战略与结构"：通过变革组织来应对市场变化 / 156

杜邦公司在繁荣过后的多元化 / 157

混乱的多元化，以及杜邦的解决方法 / 158

解决资源和市场管理的事业部制 / 159

符合市场和时代变化的"战略与结构" / 160

### 23　应急战略 / 明茨伯格"战略历程"：战略的形成不是靠计划，要看实践过程 / 164

战略是在计划中形成，还是在实践中形成？ / 165

为了行动而思考，还是为了思考而行动？ / 166

10个战略学派 / 167

"事物出现了令人惊奇的转机"——本田管理者 / 169

忽视战略，就请大幅度加强行动！ / 169

### 24　经营管理战略 / 加里·哈默尔"核心竞争力"和"为未来而竞争"：快速转变战略，创造充满魅力的环境 / 172

经营管理成熟之后，需要哪些新东西？ / 173

大多数CEO都没有注意到的缺点 / 173

管理创新的三大挑战 / 174

21世纪的成功企业为什么能够保持优势地位？／177

从核心竞争力到管理创新／179

## 第9章 改变规则的创新战略／181

25 新一体化战略／熊彼特"经济发展理论"：通过新一体化来保持优越性／182

天才经济学者的疑问：为什么会产生萧条？／183

需求来自生产者的诱导／184

创新的五种新组合／184

创新蕴藏在日常生活中／185

成群的企业家／187

创新使社会实现阶层流动／188

创新才能繁荣／188

26 范式转换战略／乔尔·巴克"范式"：用新范式改变游戏规则／190

瑞士手表走向衰败／191

昔日的胜者失速的原因是什么？／191

用范式转换来解决无法解决的难题／192

战胜变化的三种范式转换／194

给未来留有余地／195

用新范式获得成功／195

27 组织创新战略／克莱顿·克里斯坦森"创新者的窘境"：向看不见的市场发起挑战／198

硬盘行业中反复出现的奇妙现象／199

倾听顾客的心声却导致失败？！／200

优秀的管理者必然会对市场做出错误判断／200

大企业最终在大市场中败给了新兴企业／201

打破创新者窘境需要什么战略？／202

大企业要在公司内培养创新精神／203

## 第10章　21世纪战略，创造一个新生态系统／205

### 28　平台战略／加威尔、库苏麦诺"平台领导"：让别人相互竞争，自己坐收渔利／206

日益重要的新战略／207

为什么"平台"企业迅猛成长？／207

让客户竞争，从中获取利益／208

英特尔曾经只是IBM的供应商／210

Livesense公司的成功以及新的收益模式／212

引入竞争最终谁得利？／213

### 29　逆向创新战略／维杰伊·戈文达拉扬"逆向创新"：转变视角，进一步扩大市场份额／214

"因为我们没有喝佳得乐"／215

在58亿人口的巨大市场中获利／216

高端心电图扫描仪为什么被闲置？／217

通用电气"全球本土化"战略失败的原因／217

面向发展中国家的产品，却在发达国家大卖／218

从惨败到成功创新 / 219

　　战略意义上的"逆向创新" / 221

　　从零开始，进军新兴市场 / 222

**30 适应性战略 / 史蒂芬·哈克尔"适应性企业战略"：让每个人都能自主判断，自主行动 / 224**

　　取胜的战斗机飞行员，他有什么样的行动周期？ / 225

　　判断赶不上环境变化 / 225

　　目的地变了，就要换一条公交线路 / 226

　　实现"意识－反应"模式的三个机制 / 227

　　"意识－反应"模式下 7-ELEVEn 便利店的结构 / 228

　　预测与"意识－反应"相互依存 / 229

　　降低预测的风险，追求最大限度的可能性 / 229

**结　语 / 231**

**出版后记 / 233**

# 第1章

## 决定胜负的
## 领导力战略

# 01 逆向战略

## 孙武"孙子兵法":攻敌不备,以少胜多

为何3万吴军打败了20万楚军?

## 2500年前的一位天才军事谋略家

说到最强的"战略指导书",很多人都会首先想起《孙子兵法》。

比尔·盖茨、孙正义、松下幸之助等名人都对这部名作爱不释手。

公元前5世纪前后的中国正处于春秋战国时期,列国纷争,吴国地处东南。孙武经由掌握重权的吴国大夫伍子胥的举荐,成为吴国的将军。

《孙子兵法》正是由具有丰富战争指挥经验的孙武所著,全书分十三篇来记述战争战略。

公元前506年,吴楚争战,孙武用其卓越的佯攻战略战胜了数倍于吴军的楚军,并发起攻击,五战五胜,不消十日就攻陷了楚国的首都。

孙武在吴国效力期间,吴国令周边诸国无不胆寒。那么,其最强的战略指导书《孙子兵法》能给我们什么样的启示呢?让我们一起来分析一下这位2500年前的天才军事谋略家的思想吧!

## "兵不厌诈"

《孙子兵法》第一篇《始计》中写道:

> "兵者。诡道也。故能而示之不能,用而示之不用,近而示之远,远而示之近。利而诱之,乱而取之……攻其无备,出其无意。此兵家之胜,不可先传也。"

孙武为削弱楚军的兵力,在边境展开多次佯攻。当吃惊的楚军赶到,吴军早已退却。如此反复数年,这种佯攻让楚军苦不堪言。

不仅如此，决战时，吴军假装要攻击固若金汤的楚军阵地，并且对外传出吴军正朝楚国国都赶去的消息，实际上只是路过。楚军对这突如其来的消息慌乱不已，急忙前去拦阻吴军。待楚军抵达时已经疲惫不堪，结果惨败于军力薄弱的吴军。

面对楚国20万强兵，吴军以3万军力就取得了戏剧性的胜利。

## 能从孙子兵法中学到哪两个要点？

从《孙子兵法》的《始计》篇及实际发挥作用的战役来分析，可知孙子的战略思想中有两大要点。

① **难以一决雌雄时，攻击敌方疲弱之处。**

楚军不知敌方是佯攻诱战，于是数度应战而疲惫不堪。在对手应战之时，于半路攻击敌方疲弱之处即是孙武战略的一个要点。

② **避免在对手已做好万全准备的战场战斗。**

楚军受信息误导追击吴军，被迫在吴军已做好万全准备的战场应战。

两个要点相互关联，同时发挥作用时，时常令敌人招架不住、丢盔弃甲。

近几年，在餐饮界红极一时的名店"我的法国大餐""我的意式餐厅"就是典型的运用孙子战略的成功案例。

二手书连锁书店BOOKOFF公司的创始人坂本孝投资经营的这两家西餐厅，已经成为业界典范。其他同行想跟它一决高下，只会感到有心无力，并且在这样的竞争中，必然会大伤元气。

"一流的厨师，一流的食材，优惠的价格"，这类餐厅的成本率大大超过了一般餐饮业的30%，它们使用的食材，成本率能够达到60%。

为什么它们能够做到？因为这类店采用了站立式用餐模式，这样就大幅提高了翻台率。并且,相同的餐厅面积,座席数可以翻倍,一天内座席的翻台率也几乎能达到其他同行餐厅的三倍。如此一来,即便食材的成本翻倍,还是能够实现盈利。

法餐厨师都是在高级酒店进修过的一流从业者,但是高级餐厅达不到如此高的座席利用率,提高成本的同时势必会出现亏损,于是在竞争中肯定会心有余而力不足。

而且,虽然是廉价法式餐厅,但是仅凭"价钱合适且美味可口"这一强项,就能够同高级法式餐厅的"氛围好""很特别的聚餐场所"等强项一决高下了。客人们可以在比肩接踵的空间里,站着享用他们喜爱的法国美食。

在重视品质的同业内,它靠上菜速度取胜,同时提高了翻台率和利润率。

同样的事也发生在房地产相关行业。有些公司进行概算报价需要几天甚至一周。相比之下,有些企业专门配备了精通互联网的工作人员,他们负责在24小时内完成客户需要的概算报价,并反馈给客户。那些需要很长时间的企业认为自己能以"高品质、超细心的态度"来取胜,却最终在竞争中败下阵来。因为如今高速的商业环境,只会让采用古老体制的销售团队疲惫不堪。

有了专业的团队负责反馈概算报价的信息,这为销售团队减轻了很大的负担。这样一来,每一位销售员都可以负责多个业务。并且,因为能在最快的时间拿出概算报价单,也提高了订单率,增加了销售员平均可负责的业务量,提高利润也就成了水到渠成的事。

在难以一决胜负的战斗中,攻击敌方疲于应对之处,并避免在对手已做好万全准备的战场战斗,这是"最能令敌人害怕的攻击战略"。战略始祖孙武采用的就是以和对手竞争为前提而设定的战略,虽然有点卑鄙,但毫无疑问是最富有成效的。

想要"以少胜多",少的一方必须要有一些手段,令多的一方在反击时会犹豫不决。因为毕竟多的一方不会眼睁睁地看着少的一方逐渐强大而什么也不做,它肯定会采取一切方法来阻止和反击。所以想要"以小胜大",孙子的这两条战略是至关重要的。

## 战争中必胜的原则

《孙子兵法》是为了能在关乎国家存亡的战争中取得胜利而写的兵书,是极为冷静深刻且极具现实主义的兵书。

在此,我们将《孙子兵法》一书中最著名的四点战略思想摘录如下。

### ① "兵贵胜,不贵久"

战争的目的是取得胜利,而不是长期战斗。但是,即便取得胜利,倘若没有达到最初的目的,结果也等同于失败。因此,不能沉迷于手段方法而忘却了最为重要的目的,要做好战前准备和谋略,迅速出击,以免功败垂成。

### ② "是故百战百胜,非善之善者也"

百战百胜,并不是最高明的,不经交战而能使敌人屈服,这才是真正令人称快的胜利。善战是指不诉诸武力而能使敌军屈服、不攻破城池而城池自陷、不长久作战亦能灭敌国。

### ③ "知己知彼,百战不殆"

对敌我双方的情况都了解透彻了,打起仗来就不会有危险。不了解敌方而熟悉自己的,胜负各半;既不了解敌方,又不了解自己,每战都有危险。

### ④ "昔之善战者,先为不可胜,以待敌之可胜"

善于用兵的人,总是先创造条件,使自己不被敌人战胜。用可靠的方法去应对战争，往往也可以通往胜利。究竟是先创造胜利的条件再开战，还是开战之后再设法去夺取胜利，这是善战的分水岭，取胜的通常是前者。

## 决战之前定胜负？

孙武在2500年前就深入研究并记述了胜负双方的不同之处。现代商人即便不再需要学习如何在战争中用火攻下敌人的城池，也可以学习孙武为我们揭示的，利用双方差异决定胜负的基本原理。

布下让对手疲于应对的战略，对手除了暗叹之外，只有眼睁睁看着自己被打得落花流水。避开对手锋芒，相当于让对方的绝招失效。而且孙武为我们指出，不应该在战争开始以后才考虑取得胜利要做哪些准备，在正式交锋之前就必须全部完成。

一旦失败，整个国家便会不复存在。在这种环境下产生的战略，有着对胜利近乎纯粹的冷静和执着。

以上文的两个要点为基轴制定战略，能在对手"手足无措"的情况下完胜。不要盲目地开战，做好万全准备之后再投入战斗。历经2500年，孙武的见解依旧闪耀着光辉，依旧能够给我们启示，他超越时代的见解，让《孙子兵法》一书成为当之无愧的"最强战略指导书"。

> **孙武**
>
> 春秋时期吴国的将军，著有《孙子兵法》。后世兵家皆爱读《孙子兵法》一书，并誉其为"兵家圣典"。吴国本为强国，在孙武隐退后终为越国所灭。

# 02 突破战略

## 亚历山大大帝"东征":迅速开疆拓土

为什么亚历山大大帝能够缔造超级帝国?

## 欧洲历史上最强大的英雄

有一位人物,被恺撒、拿破仑等这些在欧洲史上留下浓墨重彩的伟人,敬仰为"真正的英雄"。他就是缔造了超级帝国的马其顿王国国王亚历山大大帝。

开创了古罗马帝国黄金时期的恺撒大帝,非常钦佩亚历山大大帝,他在31岁的时候曾感慨:"在相同的年纪,我同样征服了许多国家,却没有成就像亚历山大大帝一样能够流传后世的功绩。"

在与波斯的战争中,亚历山大大帝夺得了埃及,成为埃及法老(君主),并建造了气势恢宏的亚历山大城。随后又东征印度,世界各地都留下了关于亚历山大大帝的英雄传说。

作为欧洲历史上最强大的英雄,亚历山大大帝强大的秘诀是什么呢?

## 缔造超级帝国的三种力量

想要缔造超级帝国,需要什么样的战略呢?

综合各种历史资料及研究成果,可以发现"三种突破力"是至关重要的。

① 打破常规,独辟蹊径
② 拥有能让部下不断挑战自我的超强领导能力
③ 扩大统治规模的方法

### ① 突破常规，独辟蹊径

日常生活中，我们自然而然就能学会"常规做法"和"自古以来的做法"。但是，如果行业的先行者已经将"常规做法"发挥到极致了，那么，这些"常规做法"对于我们而言，就不能发挥什么效力了。

面对波斯强大的海军（当时拥有200艘以上的舰船），亚历山大大帝却判断这些舰船将成为波斯最大的障碍。当时，亚历山大大帝的海军接近于无，要想跟波斯海军对抗，通常的做法是耗费巨资和时间来建设一支强大的舰队。

然而，亚历山大大帝却想出了"在陆地上将海军一举击溃"这个令人吃惊的方法。他率兵攻下所有波斯舰队的淡水补给据点，这样一来，不费吹灰之力就摧毁了波斯舰队。

在攻打地中海城市提尔时，亚历山大大帝也"打破常规"，充分发挥了他的军事天赋。

提尔岛在距离大陆一公里远处，岛上的饮用淡水来源于地下，四面围绕着很高的城墙，连波斯海军都攻克不下。

没有海军的亚历山大大帝用土石将这一公里填平，率陆军攻陷了固若金汤的提尔城（于是现在的提尔岛不再是离岛而是半岛）。

模仿顶级的商业模式，很难有所超越。想要超越先行者，就必须打破固有观念，采取新的方法。所以，要超越百年企业，用"传统"的方法是无论如何也不行的。

亚历山大大帝就是独辟蹊径解决问题的天才，依靠脱离"常规做法"的思考方式，他击败了其他先行者，缔造了超级帝国。

### ② 有能让部下不断挑战自我的超强领导能力

人们都期盼能够"享用"自己努力得来的地位和财富，获胜的军队或成功者更是如此，他们都希望能够维持成功的现状。

然而亚历山大大帝却没有沉溺于"享用财富",而是始终保持着挑战的激情,以此驱使士兵不断向前。

> 亚历山大大帝不断让士兵挑战自我的三个方法:
> ① 发挥自己强大的自制能力,身先士卒
> ② 为周围的人描绘蓝图
> ③ 切断退路

"安逸的生活是为奴隶而准备的,只有严酷的生活才适合王者。"亚历山大大帝本身就具有很强的自制力,比起用纪律纠正因打胜仗而奢侈起来的部下,他严于律己的作风更容易感染部下。

人们很难坚持不断地挑战自我,这是包括商业人士在内的所有人类共通的秉性。作为对策,在小富即安的时候,就要立刻制定新的蓝图。比如提前制定好进军海外的计划,并由总经理亲自坐镇指挥等,来发挥更大的力量。

拥有超强自律精神的亚历山大大帝,总是身先士卒冲在最前方,被感染的马其顿士兵们由此克服了微小胜利带来的骄傲和阻碍,跟随亚历山大大帝继续行军。

### ③ 扩大统治规模的方法

我们通常认为小店铺的店主最多只能同时管理三家店,因为经营者如果不亲自投身店铺,他就无法很好地管理部下。

然而世界大型企业往往拥有很多店铺,比如7-ELEVEn便利店在全世界就有超过50,000家店铺,快餐连锁店麦当劳在全球拥有35,000家店铺。

在向世界级帝国进军的时候,管理规模也是一大问题,因为即便打了胜仗,一旦军队离开就会马上被反攻。那么,亚历山大大帝何以能够不断开疆拓土的呢?

> 亚历山大大帝扩大统治的三大策略
> ① 敌我融合,相互提携
> ② 扩大压倒性的优势及权威
> ③ 挂出解放者的旗帜

亚历山大大帝武力征服波斯之后,没有区别对待波斯人,反而将波斯人纳入统治机构,让他们参与治理国家,从而成功将敌人变成了战友。而且,因为亚历山大大帝以将各部族从波斯暴政中解放出来为己任,他率领的"解放军"甚至在个别城市还受到民众的夹道欢迎。

展示"压倒性的权威和优势"和"敌我融合,相互提携",这种做法类似于现在的专营连锁商业大范围内招募加盟店。另外,很多的商品及服务都纷纷以为顾客减轻负担为宣传口号(冷冻食品将家庭主妇从忙碌的厨房中"解放"出来)。

从这三大要点可以看出亚历山大大帝绝对不是只会逞匹夫之勇的莽汉,他是兼备缔造超级帝国所需热情与理性的伟人。

## 亚历山大大帝的领导奥秘

让人们不断采取行动,不断挑战自己的这种领导能力,对于商业的成功是至关重要的。

微软创始人比尔·盖茨、苹果公司创始人史蒂夫·乔布斯,他们都通过恩威并济的方法让部下不断挑战创新,如此才得以在产品研发方面击败对手。这都是众所周知的秘诀。

他们通过描绘前景、跟部下分享企业愿景,来激励部下不断向前。

亚历山大大帝在全军散播代表希腊消灭波斯帝国的理念,并常说"我们背负着马其顿的荣耀前去征战",所以他的部下也仿佛跟这位英雄一样看到了光辉的前景,士气始终高涨。

亚历山大大帝还身先士卒，总是冲在战斗的最前方。他不仅跟士兵分享自己的宏大愿景，还在最前方引领将士奋勇杀敌。

要想让部下有所突破，自己万万不能安于现状、什么都不做。正是因为能够描绘愿景并拥有率先垂范的领导能力，亚历山大大帝带领的军队才能够所向披靡。

**亚历山大大帝**

马其顿国王腓力二世的儿子，因父亲被暗杀，20岁就登上王位。在东征中取得了四大战役的胜利，一手缔造了西起埃及东至印度河的超级帝国。

## 03 掌控人心战略

## 马基雅维里"君主论":制定正确的目标,让人为之奋斗

领导需要掌握的"持久生存之策"究竟是什么呢?

## 从执掌一国外交大权，到一无所有

一位热爱祖国的天才外交家，竭力在工作上发挥着自己的才能，却突然被剥夺了一切，并幽禁在一处小山庄内。

五百多年前，佛罗伦萨有一位经常出使各国，以卓越的聪明才智保护祖国免于战火的伟人。他就是尼科洛·马基雅维里，他写出了著名的《君主论》。

作为佛罗伦萨共和国负责内政、军事事务的第二书记局的最高长官，马基雅维里担任着这个小国的外交官一职。然而1512年，在德国及西班牙联合军队的袭击下，佛罗伦萨共和政府土崩瓦解，马基雅维里也失去了官职并被流放。

离开了为之奋斗的外交第一线，他将自己的经验及构想加以整理，写成了《君主论》。

马基雅维里希望能够凭借《君主论》一书重返权力舞台，因此全书体裁可以说是为当时在佛罗伦萨掌权的美第奇家族量身定制的。

《君主论》从欧洲传播至全世界，至今仍被人们研究探索。作为一部"集大成之作"，它也成就了马基雅维里的一世英名。

## 统治者的领导能力决定一国存亡

马基雅维里的思想和《君主论》影响深远，他主张为达目的可以不择手段的"马基雅维里主义"，这种思想现在仍被人们实践着。一言以蔽之，马基雅维里的思想即为"摒除美化的现实主义"。

人们实际上怎样生活同人们应当怎样生活，其距离是如此之大，以至于一个人要是为了应该怎么办而把实际是怎么回事置诸脑后，那么他不但不能保存自己，反而会导致自我毁灭。①

损害行为应该一下干完，以便人民少受一些损害，他们的积怨就少些；而恩惠应该是一点儿一点儿地赐予，以便人民能够更好地品尝恩惠的滋味。②

乍看上去，马基雅维里的言论和思想过于辛辣，但确实反映了现实社会真实的一面。

马基雅维里的《君主论》一书的主旨就是，无论个人、组织，还是国家，都不能依原则行事。在残酷的世界中，领导者要想守住自己的立足之地，或者守住自己的组织，不能依靠理想主义和人情主义行事，必须发挥能够在现实中起到实际作用的领导能力。

只有正确的目标，没有无可撼动的地位。

《君主论》应用在商业场合的情形有以下两种。

- 打出让组织和个人共同成长的"正义之旗"，并作为领导能力的基础。
- 告诉那些安于既有地位、悠闲度日的员工："你的地位并不是无可撼动的！"让所有员工都努力起来。

京瓷的名誉会长、让日本航空（JAL）重新焕发生机的稻盛和夫先生，在他的心得著作《企业强盛之道》中指出，将"追求企业全体员工物质精神双重幸福的同时，为人类的发展进步做出贡献"定为公司

---

① 尼科洛·马基雅维里著，潘汉典译：《君主论》，北京：商务印书馆，1985年7月第1版，第73页。
② 尼科洛·马基雅维里著，潘汉典译：《君主论》，北京：商务印书馆，1985年7月第1版，第43页。

理念之后，才有可能出现训斥员工的情况。

在此之前员工的行为也是"正义"的，但是在确立了企业理念之后，一旦员工出现与之不相符的工作方式，就可以"因其怠慢而严加训斥"了。

将服装品牌优衣库发展成世界企业的柳井正，就以其严格的经营方针及对人才的高期许而闻名，他制定的理念就是"成为能够在全球作战的企业"，是否遵循这个理念成为了一个标准。在优衣库内部，严格按照这个理念对待员工，每位员工都要求达到很高的业务水平。

马基雅维里有这样一句话："君主要挑战自我。"在现代商业中，若不提出正确的目标，很多组织便毫无生机。

无所作为的领导谈不上拥有领导能力。制定了正确的目标，虽然有时看起来比较残酷，但是为了让组织良好运转，必须给员工以指针来达成目标。

没有目标必然滋生散漫，制定目标能够让那些资历甚高的老员工也感受到危机，这样就能让全体员工不加懈怠地全速前进。

坚称这些目标或理念过于残酷无情的人，是不了解《君主论》为我们揭示的现实世界的。愚蠢的领导只会用自己的和蔼及迁就让国家或企业蒙难，让国人惨遭屠杀，让员工失业流浪街头。

## 领导必备的生存条件

《君主论》看似通篇都是冷酷的统治术和掌控人心的手段，但是我们可以看到，马基雅维里在书中条理清晰地论述了领导应该学习并加以活用的各个要素。我们可以总结出其中的七种要素。

### ① 学习历史上各位君主的治国得失之处

很多时候，君主面临的选择，往往历史上的其他君主已经给出过解决答案，曾经的成败应该成为重要的参考。

## ② 形势决定采取的手段

即便是两个同样无懈可击的人,也可能出现一人失败一人成功的情况。成败往往取决于"是否同时代和形势保持一致",盛衰荣枯亦是如此。即便是耐力极强的君主,也会因为适应时代而繁荣,落后于时代而衰败。衰落是因为君主没有及时改变生存方式,毕竟能迅速应对时代变化的贤明君主非常稀少。

## ③ 让人敬畏的君主比让人怨恨的君主,更能让人服从

能够让人既爱戴又敬畏是最为理想的,但倘若不能两全,让人敬畏则更好一些。习惯慷慨宽容会被对手小看,所以偶尔严厉反而会受到反抗。反之,平日让人敬畏的君主偶尔宽容,则会让人心生敬意。不能成为被人爱戴的君主,那就在不招致怨恨的前提下成为让人敬畏的君主吧。

## ④ 为保卫国家,将冷酷发挥到极致

想要守卫国家并维持秩序而将冷酷发挥到极致的人,即便守卫了国家也难免成为可怜的人。但是倘若为了避免恶名而陷国家于混乱,那样的君主才是伤害国民的大恶人。名将汉尼拔就是兼备品格和极致冷酷的将领。

## ⑤ 命运只会让弱者更弱

虽然这世上的事情大抵都由命运支配,但倘若因此抱有"将一切交给命运"的态度,人就会丧失自由意志。即便认为命运的一半由自己自由支配,剩余的一半还是会支配着我们。命运会在毫无抵抗的地方猖狂,所以发挥你的个人意志吧!若想要活用幸运女神手中的"机会",需要拿出你猛烈的行动。

## ⑥ 不能依着民众的一时之兴,要靠君主的自我挑战

在爱情方面我们不得不依着对方的心情行事,但是能让人敬畏的

君主，通常都是能够自我挑战的君主，他们能够自由决断。为了稳定统治者的地位，不能依靠幸运，要通过自我的不断挑战，去强化个人地位。

⑦ 平时就要洞察未来，未雨绸缪

在晴朗的天气里不去想象暴风雨来临的样子，这虽然是人类共同的弱点，但作为君主必须在问题来临之前就加以考虑，并在初期就加以处理。这一点同生病一样，明确地意识到疾病的存在时，往往已经病入膏肓、为时已晚。

《君主论》强调"君主要有作为君主的演技"。君主成为"好人"会伤害国民、失去国家，反而那些"能很好地演绎恶的君主"更能让国民过上幸福的生活。

"形势决定采取的手段"及"命运只会让弱者更弱"等观点，是马基雅维里在外交工作中体验到的现实世界的切实反映。作为领导，必须严密地审视这些"生存条件"。

## 被排挤？说明你很优秀

很遗憾，马基雅维里在被罢免之后再也没能重返权力中心，寄给复辟的美第奇家族的书稿也没有得到回复。在继任统治者朱利奥·美第奇主政时期，马基雅维里被任命去编纂了《佛罗伦萨史》。

为什么马基雅维里的见解没有得到赏识呢？在《君主论》中，马基雅维里阐述了自己的理想，即成为统一意大利的英雄式君主所渴求的人才，这位君主是以他认识中的恺撒·博尔吉亚为蓝本塑造出来的英雄人物。然而当时掌权的朱利奥却认为自己并不是那样的英雄人物，他可能感觉马基雅维里的理想过于沉重了。

另外也有观点认为，美第奇家族被推翻、新共和政权建立之后，很多人觉得冷酷又聪明绝顶且写出名作《君主论》的马基雅维里如果进入新政权，统治者自己的地位将岌岌可危，因此大家都觉得让他远离权力是对自己百利而无一害的事。

怀有理想的人如果不能成为统治者的治国道具，又暴露出自己真实才能的话，就会被视为强有力的敌手而受到排挤。他这样的人物，无法认清自己的位置，想要讨好美第奇家族，却被"重返共和政权"的命运捉弄，遭受重重的一击，最终在绝望中怀揣理想而逝。

**马基雅维里**

意大利佛罗伦萨第二书记长，活跃于外交一线。1512年由于神圣罗马帝国的攻击，遭遇国家沦陷，后被流放，著有《君主论》一书。

# 第 2 章

## 决定战局的
# 军事战略

# 04 兵力最大化战略

## 拿破仑"革命战争":将凡人打造成最强的军队

拿破仑如何打造出战胜危机的队伍?为什么屡次战败的法军会成功逆袭?

1789年，法国发生了人类历史上具有重大意义的大变革——倡导自由与平等、打破阶级划分的法国大革命。

此前的欧洲社会分为三个等级，依次是教士、贵族和平民。英国、奥地利等国为了保护阶级制度，不断地对倡导人人平等的法国大革命进行干涉。最终，在1792年4月，法兰西共和国正式对奥地利宣战，法国大革命战争开始。

这是一场要构建崭新社会体制的法国，与为了维护贵族与教士利益而希望维持旧体制的欧洲诸国之间的激烈战争。

然而，作为宣战方的法国却在战场上接连战败。因为曾经身为贵族的将军与士官们都因革命而流亡海外，军队的指挥与统帅完全处于混乱状态。

8月，普鲁士军与奥地利军攻入法国领地，致使法国陷入危机。于是，法国决定废除根据门第与身份决定头衔的制度，改为根据战绩来任命将领的方针。

受到他国的侵略，法国人民表现出异常强烈的爱国精神，法国革命政府实行的新方针更是激发出将士们高昂的气势，使法国的战况成功逆转。

拿破仑就是在这场战争中被启用的将军之一。他称帝后，辅佐他的元帅大多都是曾经奔赴在革命战场上的实力派将领。

## 面对危机，浴血奋战的法国军队

将法国大革命视为劲敌的欧洲各国，于1793年成立了反法同盟。同盟国的成员有英国、奥地利、荷兰（当时包括比利时和卢森堡）、普鲁士王国、西班牙、那不勒斯王国和撒丁王国。

面对一众强国的挑战，面临生死存亡的法国于当年8月实施了"全国总动员法"，从国民中征兵20万，法军于是摇身变为拥有巨大兵力的强大军队。

为了统率如此庞大的军队，卡诺将军对法国军制进行了重大改革，制定了能够独立作战的"师团"制度。

需要同多国作战的法国，独立作战、自行补给的师团制度成为其在战争中不可或缺的管理体制。拿破仑利用卡诺的军制改革建立了军团制度，并逐渐改变了欧洲各国的军事制度。

最终打败拿破仑的普鲁士将军克劳塞维茨是这样评价拿破仑的："虽然拿破仑在王族战争中征用了雇佣兵，但不可否认的是，他培养的这些为法国浴血奋战的士兵确实改变了战争。"

在革命战争中陷入危机的法军，通过革新制度、管理队伍成功地在战场实现了逆转。

## 拿破仑席卷欧洲的三大原动力

拿破仑之所以能够席卷整个欧洲，源于三大原动力：

① 法国大革命大大提高了国民的"主人翁意识"
② 构建庞大军队的"全民征兵制度"
③ 提高军队远征能力与机动性的"军团制度"

### ① 法国大革命大大提高了国民的"主人翁意识"

在倡导人类自由与平等的法国大革命中,那些为祖国而战的法国人用视死如归的精神在战场上浴血奋战。并且,不论身份地位只论战功的提拔原则更加提升了士兵们的士气。

### ② 构建庞大军队的"全民征兵制度"

被断定无法通过职业军队战胜欧洲诸国的法国政府,迅速征召了令他国无法想象的大量兵力,使得战争初期实施的前线兵力最大化得以发挥效果。

### ③ 提高军队远征能力与机动性的"军团制度"

当军队规模超过20万的时候,法国将师团制度转变为军团制度。一个军团跟之前的师团一样,有四个师。当军团遭遇敌人袭击,四个师可以各自进行反击,同时,拿破仑会率其他军团从后方围攻敌军。正是这种灵活运用军团机动性的战术,使得法国在与各国的战争中接连取得胜利。

商业上的"事业部制度"与师团制度非常类似。而集中于一种商品、一类顾客的独立核算制也与拥有独立补给部队的师团很类似。军团实际上就是将若干个师团集团化,公司也是同样将几个关联的部门集中到一起。

不可否认,天生的军事才能是拿破仑胜利的重要因素,但回顾历史,以上三点也是法国军队不可或缺的动力。当拿破仑丧失这三个优势,他也同样失去了战场上的优势地位,并因此尝到了战败的滋味。

虽然法国的全民征兵制度促使大批青年投入战场,但是,各国随后也纷纷采用了征兵制和游击战,此时法国由于国内年轻男性数量减少,导致征兵制无法继续。

26　胜利的法则

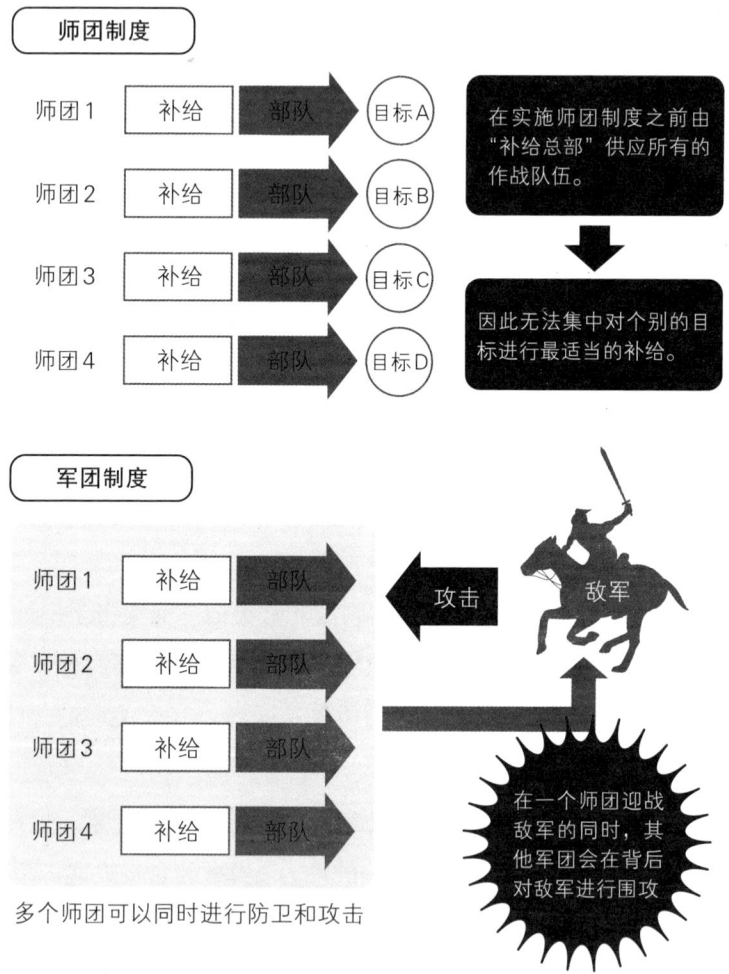

失去了这三个优势，即使天才如拿破仑，也无法挽回战争形势的急转直下。

同样，对于经济组织来说，员工强烈的主人翁意识是战胜竞争对手的最大动力之一。

当拥有这种意识的商业队伍与优秀的领导组合到一起的时候，迎接他们的必定是巨大的成功。

## 提高个人意识，先下手为强

拿破仑很喜欢普鲁塔克的《希腊罗马英豪列传》，他对亚历山大大帝与恺撒大帝的事迹耳熟能详，这也成功地帮助了他有效统率法国军队。

在法国陷入大革命战争的危机之前，"自由与平等"的革命精神深入人心，正是在这种人人都具有主人翁意识的背景下，拿破仑的领导力才得以淋漓尽致地发挥出来。

另外，拿破仑还拥有宽广的胸怀，对于军事人才的启用，他从来不介意对方是否曾是贵族。

而且，为了能够有效地发挥兵力，他对原有的师团制度进行了改良，建立了更适合战争的军团制度，使得多个师团能够联合协作，从而成功地取得了战争的主动权。

值得关注的是，200年前的战争与如今的经济组织运营存在着惊人的相似。历史告诉我们，企业陷入危机时，只要领导者能够通过有效设定目标，最大限度地提升员工的热情，使每个人、每个部署都能迅速地联合到一起，那么逆境也会变为顺境。

**拿破仑**

作为一名军人活跃于倡导自由与平等的法国大革命中。1799年通过武装政变称帝。拥有卓越军事才能，曾席卷整个欧洲。

# 05 逆转优势战略

## 克劳塞维茨"战争论":效仿对手的强项,弱化对手

*普鲁士军队的逆转战略!*

## 战败国的秘密军事改革

1812年，拿破仑率60万大军远征俄罗斯，结果惨败。

对于被法国占领的普鲁士来说，这正是打倒拿破仑的绝佳时机。他们立刻对法国宣战，却很快就被法国打败了。于是，普鲁士联合其他各国成立了第六次反法同盟。

奥地利与俄罗斯等帝国主义国家也纷纷加入反法战争。普鲁士在布吕歇尔将军的指挥下打败了拿破仑军队，成功夺回了被占领的国土。

1814年同盟军侵入法国境内。3月，普鲁士军攻进巴黎，拿破仑被迫退位，并被流放到厄尔巴岛。

关于这场针对拿破仑的战争，法国与奥地利、英国之间的不和以及俄罗斯大远征都被人们所熟知，而导致拿破仑退位的直接原因其实是普鲁士军队的进攻（现今的德国北部为曾经的普鲁士王国）。

普鲁士王国存在于1701年至1918年之间。在被称为"士兵国王"的威廉一世执政以后，普鲁士成为欧洲境内强大的国家之一。但是，1806年，普鲁士在与法国的战争中失去了近半的领土。

面临存亡危机的普鲁士王国在法国人的占领下萌发出强烈的爱国热情，开始秘密地研究军制改革。

在这些一心为复兴祖国而全力研究改革的有志将领中，名著《战争论》的作者卡尔·冯·克劳塞维茨就是其中之一。

## 四名被俘军官导演的逆袭之战

克劳塞维茨在《战争论》中提到,在拿破仑战争中贡献最大的普鲁士将官是沙恩霍斯特等四名将军。

1806年,普鲁士在与法国的战争中战败。布吕歇尔、沙恩霍斯特、格奈瑟瑙与克劳塞维茨这四名军官被法军俘虏。

这四人在后来的人质交换中被释放。归国后,他们燃起了重建普鲁士王国的斗志,通过对法国和拿破仑进行深刻的剖析,最终成功地击败了拿破仑领导下的法军。那么,他们到底是如何进行剖析的呢?

## 弄清法军的强项!

克劳塞维茨曾说过:"虽然拿破仑在战争中征用了雇佣兵,但不可否认的是,他培养的这些为法国浴血奋战的士兵确实改变了战争。"关于这点,克劳塞维茨的军事老师沙恩霍斯特在18世纪90年代的论文中也曾提到过。

因全民征兵制度而形成的大规模军队、为维护自由平等而浴血奋战的国民军、使军队高效化的军团制度,以及军事天才拿破仑,这些都是法国的强项。

为了战胜欧洲大陆最强的法军,必须削弱他们的强项,或者在各个强项上凌驾于他们之上。

但是,普鲁士王国和除法国之外的欧洲诸国一样,以雇佣兵为军队的主力,并且受封建制度的影响,在军队中限制平民的晋升。他们认为这样能够保证国民无法像法国一样兴起革命。(沙恩霍斯特虽然是平民出身,但是普鲁士军队授予了他贵族身份。)

普鲁士对法国的策略：
① 引入义务兵役制度（建立国民军）
② 引入军团制度
③ 大力发展培育优秀将领的教育机构
④ 启用平民出身的优秀军官
⑤ 实行政治行政改革与教育改革
⑥ 进行社会制度变革（解放农奴）
⑦ 培养国民的爱国主义思想（民族主义）

普鲁士的改革极大地吸取了法军的强项。他们准确地分析了拿破仑的优势，引入了法国的做法。

需要注意的是，⑤⑥⑦不是军制改革，而是针对社会制度进行的改革。因为他们意识到普鲁士也强烈需要国民的爱国热情。

## 让普鲁士逆转的两大战略

积极进行社会制度改革的普鲁士，建立了以爱国者为主力的国民军，并且从勇猛果敢的拿破仑大军那里学习建立了军团制度（此时的法军却因连续征战已陷入疲惫状态）。

普鲁士通过实行军官教育制度，启用平民中的优秀人才，并对军队进行有效的全方位指挥，使军队师团迅速地联合到了一起。可以说，此时的普鲁士已经完全创造了一支与法国相当的军队了，唯一缺少的就是一名像拿破仑那样的军事天才。

为了阻止拿破仑发挥他的指挥能力，普鲁士实行以下两大策略。

### ① 阻止师团联合作战的大包围策略

拿破仑向来指挥精准，在战场上行动迅速，总是在各国军队汇合之前，就对敌军进行各个击破，惯常以少胜多。

在1813年的会战中，普鲁士军为了防止出现这种情形，联合同盟军从东、南、北三个方向对法国发起进攻，紧紧地将拿破仑的法军困在其中。普鲁士成功地找到了法军的强项并将其削弱。

### ② 一旦受到侧面攻击便迅速撤退

拿破仑最擅长的就是"侧面攻击"，即当一个师团与敌军战斗时，其他师团迅速从敌军的侧方或后方发起攻击，这样可以最大限度地限制对方的攻击力。当队伍受到正面与侧面双重攻击的时候，如果不迅速撤退就很容易全军覆没。

于是，对待拿破仑的"侧面攻击"，普鲁士采取的是迅速撤退策略。如果队伍能够及时撤退，就能保存一定的兵力。在滑铁卢战役中，拿破仑由于体力不支，无法迅速指挥军队作战，失去了各个击破敌军的良机，导致受到侧面攻击的敌军成功撤退，以至于后来受到来自普鲁士军队的侧面攻击而最终惨败。

分解法国军队的组织优势和拿破仑的军事策略，学习敌人的长处并应用于自身，凌驾于敌人之上，这就是普鲁士军队能够取得最终胜利的主要原因。

在商场上也是一样。中小企业要迅速行动，全力集中于一点，提高专业性。大企业要赶在竞争对手之前，在某一个专业领域成为权威，攻破这个领域，这样才能抢占市场先机。

历史告诉我们，当对方与我们采取不同的战略时，我们就要在"速度"上取胜。如果对方采取的战略与我们相同，我们就要着眼于"规模"。谁的规模大，谁就更为有利。普鲁士军队就是如此，在限制法军速度的同时又及时地扩大了自身的军队规模。

第2章 决定战局的军事战略 33

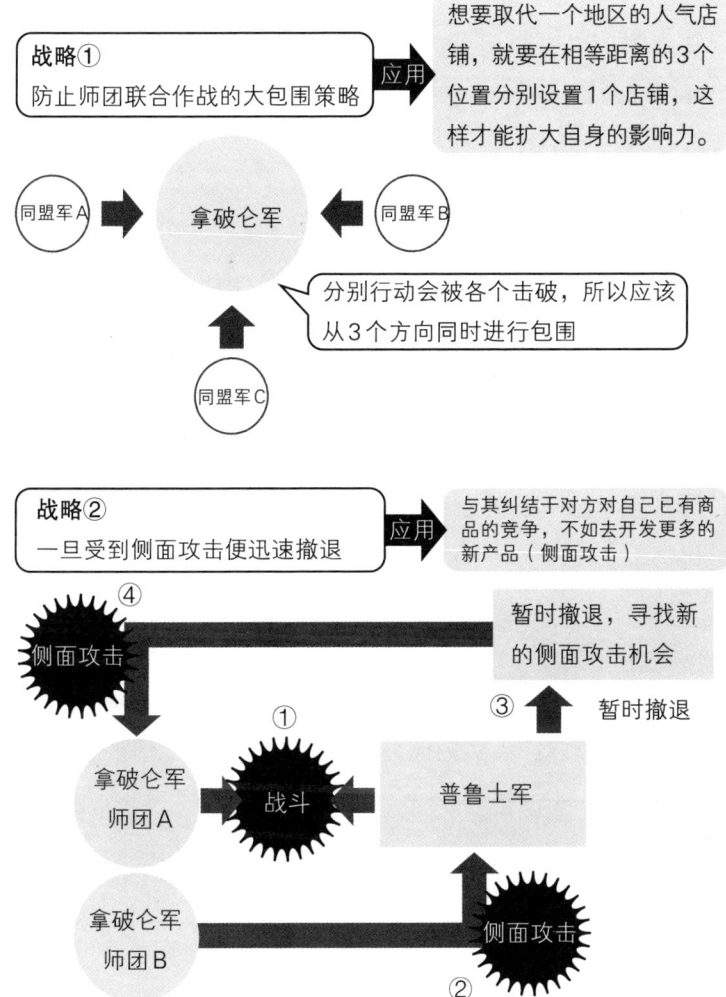

## 天才不可能超越法则：解开普鲁士胜利的秘密

世界著名的《战争论》全书分为八篇，分别为论战争的性质、论战争理论、战略概论、战斗、军队、防御、攻击、战争计划。书中指出，拿破仑让战争从以雇佣兵为主力的缓慢战斗转变为誓死歼敌的热血沙场，另外还大篇幅地描述了国民军如何大幅度提升军队战斗力。

天才不可能超越法则……天才的所作所为就是最完美的法则。法则的作用在于明确事情的发展形势以及形成这种形势的原因。（大桥武夫著《克劳塞维茨兵法》）

如果因为对手是天才就放弃对抗，那么你永远也不可能胜利。所谓"天才就是最完美的法则"，只有了解法则你才有可能成功。

普鲁士之所以能够战胜军事天才拿破仑，就是因为他们努力去研究他，深入理解法军的体制模式，然后准确地模仿了法国的新体制并使其进化。

> **克劳塞维茨**
>
> 1806年，在战争中被法国军队俘虏。释放后潜心研究军制改革，击退了在俄罗斯远征后失败的拿破仑。在他死后，他的妻子将他所写的《战争论》手稿整理并出版。

# 06 间接路线战略

## 李德·哈特"战略论":避免正面交锋,创造胜利机会

持续快速进攻的希特勒为什么会战败?

## 一战最惨烈的战争和间接路线战略

在法国北部的索姆河河畔,第一次世界大战中最为激烈的战争曾经在这里展开。仅1916年短短四个月内,双方死伤人数就达到了100万。机关枪等现代武器的登场,使战场变成了惨烈的修罗场。

曾任英国陆军军官的李德·哈特,作为索姆河战役的大队指挥官参加了这场战争。索姆河战役与以往战役的不同之处是,不再以骑兵为主力,提高了战壕和武器的利用率。毫无人性的屠杀场面让哈特受到了极大的冲击。

哈特的部队几乎全军覆没,他本人也因负伤被送回了英国。1927年,哈特以上尉军衔退役,成为一名军事研究学家。

他总结了索姆河战役失败的原因——愚蠢地从正面与敌人雄厚的兵力对抗。随后,他提出了闻名遐迩的"间接路线战略"。

该理论不仅成为20世纪最具代表性的战略之一,并且到现在仍然受到各国军事组织的关注。

## 突击准备充足的敌军,无疑是自取灭亡

李德·哈特的《战略论》分析了从古希腊到中世纪的战争,涵盖了拿破仑战争、第一次世界大战及第二次世界大战等诸多战事。

哈特尤其针对两次世界大战以及德国纳粹进行了较为详尽的分析。他认为,希特勒从连连胜利到最后战败与间接路线战略有着极大的关联。

> **什么是间接路线？**
>
> 所谓间接路线，就是避免从正面与准备充足的敌军作战，要从敌军薄弱的部分进行攻击，也就是间接削弱对手力量的方法。

1940年，在德国进攻法国的一场战役中，德国出其不意地从森林丘陵地带（阿登高地）进行攻击，让英法同盟军措手不及。从背后受到袭击的同盟国，虽然在军队数量上占优势，却以战败告终。英国军队在被歼灭前的最后一刻撤退回国，巴黎被纳粹军队占领。

在1941年的苏德战争中，苏联已经事先知晓德军将要进攻彼得格勒，便对军队进行了集中训练。因此，德军受到强烈的抵抗，并导致了后来的战败。

由此看来，间接路线并非只是纯粹的战斗，它还包含了切断对方的资源供给、包围同盟国等非战斗性的行动。就像众所周知的太平洋战争，当日军与美军对抗时，日军用来运输石油的船舶接连被击沉，导致战争后期日军石油匮乏。

## "集中攻击对方弱点"也适用于现代社会

对于战争的原则，哈特的观点用一句话来概括就是"集中攻击对方的弱点"。

避免让对方知道我军攻击的目标，并在表面上做出分散攻击的架势，这样对方也就不会集中备战于一点，自然而然就形成了薄弱部分。

这一战略不仅可以应用于战争，在商业竞争中也十分有用。

大型企业的制造和采购必然都存在着一定的优势。中小企业若要与大型企业竞争，采用价格战就如同德军攻击彼得格勒一样，结果显而易见。反之，如果中小企业避免从对手"防守"最坚实的"低价格、低成本"入手，改从其他方面进行突破，取胜的希望就会大大提升。

消费者的心理也是一样。有的人为自己买东西时会专挑价格便宜的，为孩子和宠物消费时，却会选择高价位的商品。

在实行哈特的这个原则时，我们应该注意以下几点。

① 设定以现有手段能够达成的目标

哈特说，"超过自身消化能力的贪食"是愚蠢的。设定的目标如果用现有的手段无法达成，那就没有任何意义。相反，如果能够冷静地根据现实可应用的手段设定目标，不可能也会变为可能。

② 目标要常记于心

人们在选择手段的时候，很容易选择与最终目标完全不相关的错误方式，这是相当危险的。要经常思考什么才是有利于实现目标的手段。

③ 选择对手最难以预测的路线

站在对手的立场，选择对手最难以预测的路线。这在商品策划方面是非常重要的战略。

④ 攻击对手抵抗最弱处

在攻击敌人的时候，应该选择敌军抵抗最弱的地方下手。同理，在为新店铺选址的时候，考虑人流量的同时，还应与对手保持一定的距离，选择对手估算不到的地点。

⑤ 制定允许转换目标的作战计划

为了不让对方察觉到自己所做的准备，应最少设立两个目标。对手会因此无法锁定具体的目标，也就无法集中于一点进行备战。

⑥ 确保计划和准备能灵活地根据情况做出改变

这就要求我们拥有根据首战的结果尽快改变计划的灵活性。例如，对初期的畅销商品进行增产、对滞销商品进行减产等。这种灵活性可以有效地减少企业损失。

## 间接路线战略

障碍的大小决定攻击的效果

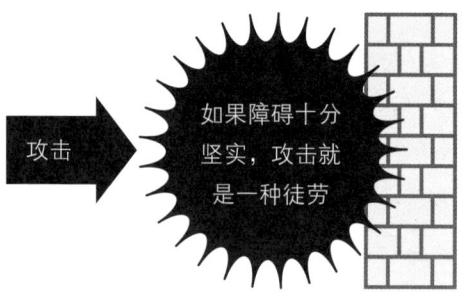

如果障碍十分坚实,攻击就是一种徒劳

如果对手很警戒,攻击效果就会变得很弱

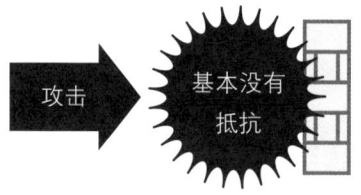

基本没有抵抗

警戒和抵抗感都很弱

攻击效果与抵抗的大小成比例

在商业中也是一样,
降低消费者的心理防线,
是销售商品的关键。

有一家美国药品生产商，在其他厂家竞相生产热销药物的时候，另辟蹊径，研究如何降低这款热销药物的成本。但是，他们在一个小城市进行测试的时候，却被对手察觉到了。

结果，在该生产商进行全美大规模推广之前，对手就发布了大幅度降价的消息。于是，对手公司因提前降价，取得了支配市场的主导权。

## 希特勒从鼎盛跌落谷底的原因

善于使用间接路线战略的希特勒，打破了从正面接触敌人的固定思维，使他跨越了其他人无法跨越的屏障。

间接路线战略的原理早在孙子兵法中就出现过，历史上的许多名将也都善于灵活地运用这一战略，因此它并非李德·哈特原创。但是李德·哈特第一次明确地表达出了间接路线的概念，使得人们能够更便捷更准确地运用它。

李德·哈特将希特勒的失败归结于他"初期的大成功"。初期各战役的胜利让他产生了"正面攻势可以解决任何问题"的错觉，于是他逐渐忽略了间接路线，开始强行要求部下与敌军进行正面冲突。

虽然军队拥有优秀的将军，但已经处于劣势的希特勒固执己见，不断地重复消耗军队战斗力的正面战略，最终导致了德军的战败。

> **李德·哈特**
> 
> 1895年出生，毕业于剑桥大学的历史学专业。在第一次世界大战时加入陆军，并参与了西部战线和索姆河战役，后来成为一名军事研究学家，提出了著名的"间接路线战略"。

# 07 适应战略

## 威廉森·默里"缔造战略":战略制定过程决定能否取胜

*历史经验能够教给我们什么?*

## 哪些因素影响着你的决策？

做决策的时候，应尽量放轻松，这样才有可能做出正确的决策。

但是，当你的决策能够左右一个国家的命运时，你一定无法放轻松。而决定战略的领导者们，就是这样被许许多多的条件所制约。

美国军事史研究家威廉森·默里，曾在美国空军大学与海军大学做过指导。他曾说过，战略方案要具有强烈的现实性和逻辑性。

是否能够认清影响决策的要素，决定你能否能做出正确的战略方案。所以，我们每天做决策的时候，如果不注意影响自身的因素，就无法摆脱负面影响。

就像打高尔夫球一样，如果不注意微小的风向，打出的球就会向其他方向飞去。

因此，认清影响决策的因素是非常必要的。

## 英国的"历史经验"助长了纳粹的扩张

默里指出，在所有的影响中，"历史经验"是最具影响力的。

李德·哈特在意识到纳粹德国的威胁时，就曾强烈地主张不要直接进攻陆军，而要采用联合同盟国进行海上封锁包围敌军的间接路线战略。

默里认为哈特之所以那么强烈地主张间接路线，是因为他囿于第一次世界大战中英军的经历，想要避免七十多万士兵战死的情景，结果却导致了战争初期纳粹势力的增长。

当然，大多数的英国国民也没有想到，在巨大的牺牲之后，欧洲会再次出现挑起大规模战争的人。

实际上，纳粹和希特勒以及极权主义是一种全新的威胁。但是，哈特和英国国民却因为历史经验的影响，没能够直面新的危险。

> 影响战略形成的要素：
> ・地理
> ・历史
> ・世界观（宗教、意识形态、文化）
> ・经济因素
> ・政府和军事体质组织方式

人们在做决策时，往往受到诸多因素的制约。无论是国家、组织还是个人，都会受到历史经验的深刻影响。而所处组织的世界观和经济状况也会影响我们做决策。

如此就很容易理解"做决策时受到诸多因素制约"这句话的含义了。我们实际上距离自由非常遥远，但是自己却并没有注意到。

同理，战略的决策过程也会受到诸多因素的制约。因此，正确认识其中的影响因素，可以使你的战略效果倍增。

## 过去的教训真的正确吗？

默里通过战争史分析了战略形成的过程，根据历史经验完善策略的时候，有两点需要注意。

### ① 是否忽略了更重要的战略课题

比如一家企业，曾经营过时装店，但失败了。当这家企业决定在拥有更多客流量的地方再次开店时，应该考虑的不仅仅是之前失败的原因——地点选择错误，还应该考虑店铺应该面向哪一个年龄层、在不景气的经济形势下是否应该开设新店铺等根本性的问题。

过去的教训虽然能够解决一些战术上的问题，但是如果忽略更重要的战略问题，只会出现不同形式的新失败。

② **理解整体，而不只是部分**

如果我们只看到以前成功案例中的优秀上司、特殊布局等碎片式的成功因素，就急于吸取经验、扩大产品的生产，很有可能迎来失败。

善于从过去的经验中学习的确是件好事，但是如果错误地分析过去的经验，原本隐藏的负面因素就会显现出来，从而导致失败。只将历史经验进行部分的应用，我们很可能从成功走向失败。

在第一次世界大战中，德皇威廉二世因无视政治因素，一味追求战斗的效率，结果招致了沙俄的参战，无节制地进行潜艇战，使得美国也加入战局。这种只顾眼前战果的行为，让越来越多的国家站在了德国的对立面，最后导致毁灭性的战败。

在德国彻底战败之前，德国国内也爆发了一场民主革命，威廉二世被迫逃亡国外。许多年后，德国国内产生了这样的论调，认为德国之所以在第一次世界大战中失败，是因为被民主革命拖了后腿，而许多国民也真的相信该主张。

纳粹就是执着于这样的信念而挑起了战争。它一方面加强了军队的机械化，另一方面联合多国同盟军，展开两方面的作战，但最后迎来的依然是战败。

实际上，历史上的许多教训都是新战略形成过程中不可或缺的部分。但是，错误地理解历史经验会导致悲剧性的失败。因此，要看清自身所受的是何种影响，就应该正确思考以下两点。

## 没落始于缺乏正确的企业文化

默里的著作《缔造战略》中有这样两段话:

> 战略是一个过程,一种不断的调整,以便在一个偶然性、不确定性和含糊性占优势的世界上适应变动中的条件和环境。[1]

> 战略缔造是个既涉及内部政治影响和个人行为特质,又涉及外部事态的压力的过程。[2]

意思就是说,战略要不断地适应现状和环境,战略的形成要平衡外因与内因。

我们虽然无法改变外因,但是可以改变内因,譬如如何看待世界、有什么样的信念等,也就是上文"影响战略形成的要素"中的"世界观"。

默里在第一次世界大战之后对法军、英军以及德军的组织文化的形成过程进行了有意思的对比。

在1940年的一场战争中,法国的中队长们在战壕中安置了能够与上司进行沟通的野外电话,因为他们认为向上级汇报战况是自己应尽的职责。

而德军的指挥官对于前线的敌情分析,则完全凭借自己的努力,最后当然是以德军的胜利告终。

在不确定的世界中,组织是否能够做出最好的决策,取决于有无健全的组织文化,以及能否将组织文化维持下去。而组织文化决定了如何看待历史事件、如何分析现状以及找到对应的方法等。有的企业仅仅强盛一时,它们之所以随着时间没落,就是因为没能正确地认识

---

[1] 威廉森·默里、麦格雷戈·诺克斯、阿尔文·伯恩斯坦编,时殷弘等译:《缔造战略:统治者、国家与战争》,北京:世界知识出版社,2004年5月第1版,第1页。
[2] 威廉森·默里、麦格雷戈·诺克斯、阿尔文·伯恩斯坦编,时殷弘等译:《缔造战略:统治者、国家与战争》,北京:世界知识出版社,2004年5月第1版,第23页。

过去，继承了错误的企业文化。

人们常说"富不过三代"，这正是因为第三代人不知晓创业者的辛劳与挫折，只看到了成功，才容易走向衰败。

只有从历史中正确地吸取经验教训，有效地继承组织文化，才有可能将胜利保持下去。

## 缺乏整体理解，必然导致失败

众所周知，案例教学是商学院的一大特色。从案例中学习教训的时候，商学院重视的是"较高级的战略"和"理解整体"这两点。

如果上级指挥官没有向中间力量或者现场领导者塑造正确的企业文化，那么就会出现中队长为了向上司汇报战况而在战壕安放电话这样僵硬的行为。

默里的理论同样适用于第二次世界大战中战败的日军。他们虽然学习了以往的战争史，但是相比战略，他们更重视战争的胜败，他们只从教训中吸取了部分而非整体经验。

因此，日军没有像在日俄战争和第一次世界大战中那样，一边巩固与同盟国的关系，一边利用优势条件去战斗，而是不断地增强自身的战斗力，与世界各国为敌。

在20世纪初，日本的军部更是崇尚学历至上主义，不以实践经验反以学业成绩为标准来提升将领，结果纸上谈兵的将领激增。据说学历主义是为了消灭明治维新时期曾十分活跃的长州、萨摩派系，也就是为了消除次要的派系问题而破坏了重要的"实践能力"。这种只吸取错误经验的做法，是日军必然失败的内部原因。

**威廉森·默里**

　　1936年毕业于美国耶鲁大学,在美国空军工作了5年,后又取得了耶鲁大学军事外交史的博士学位,并在美国各类机关、协会中进行指导性工作,在德军和战争史方面有过许多著作。

# 第 3 章

## 让生产最大化的
## 效率化战略

# 08 效率战略

## 弗雷德里克·泰勒"科学管理法":消除看不见的浪费,实现成果最大化

福特和丰田的管理法,它们的原点是什么?

## 看不见的浪费

我们都知道，烹饪时多余的食材是一种浪费，没人用的房间一直亮着灯也是一种浪费。

这些用肉眼就能看得见的浪费通常很容易被发现。但是对于肉眼无法看见的，譬如工作效率这种无形的东西，如果不发挥记忆力和想象力你就无法发现浪费。

距今一百多年前，曾有一位敢于向这种"看不见的浪费"挑战的人物，他就是被称为"科学管理之父"的弗雷德里克·泰勒。

弗雷德里克·泰勒出生于一个富裕的美国律师家庭，为了像他父亲一样成为一名律师，他考入了哈佛大学法学系。不久因为眼疾辍学，他不得不成为一名技工。

## 工人消极怠工的原因是什么？

实习期过后，泰勒便在米德维尔钢铁厂开始了正式工作。他因机械操作技术超群被提拔为车间负责人。成为车间负责人之后，泰勒发现了许多令他惊讶的事情。

他说："虽然同事们都恭喜我说'弗雷德里克,恭喜你晋升！'但是，大家都太了解职场的规则了，我单方面地想增加产量，他们并没有任何动力。和大家保持步伐一致，一切才会圆满；如果无视大家的意愿而私自决定产量，一定会受到排挤。"

他的部下，也就那些车床工人们，互相之间已经约定了"对自己刚刚好"的产量。提高产量，对于他们来说就是不利的事情。

> 工人消极怠工的原因：
> ① 错误地认为如果增加每个人的生产量，工厂需要的员工人数就会减少
> ② 陷入了保护自身利益与降低工作效率的矛盾当中
> ③ 效率的经验论已经广泛蔓延

泰勒认为既然自己已经站到了"管理者"的立场，那么，就不能无视车床工人们的"消极怠工"，一定要最大限度地让他们发挥出应有的效率。

他不顾部下的强烈反抗，联合一部分有干劲的工人，逐渐改善队伍的工作状态。三年后，他所在的车间生产量提升了两倍。

## 如何在杂乱无章的工作中找到潜在的优势？

在泰勒的著作《科学管理原理》中，他介绍了许多整顿企业的实例，这里我们只简单地介绍其中一个。

**配件检验工厂**

将检验自行车用的硬化钢制小球（配件）业务系统化的一个实例。工人的具体工作就是将小球一边于左手指尖旋转，一边在灯光下进行检查，将残次品用磁铁吸走，放入纸箱中（这项工作对工人的体力和精力要求都很高）。

女工一般一天要工作10个半小时。泰勒认为这其中必然造成了生产效率的浪费，于是阶段性地将劳动时间减少，并导入了双重检验机制。

**配件检验工厂的改良**

- 引入休息制度（每工作75分钟休息10分钟）
- 为防止工作期间闲聊，将工作台隔离开
- 进行反应测试，只留下优秀的人（解雇不合格的员工）
- 提拔高产量高质量的员工（每小时测评一次）

泰勒发现了看不见的浪费。管理者用秒表计算了每个作业所花费的时间，以及工人的注意力持续集中的时间，然后决定对策。

配件检验工厂中最后剩下的女性员工的工资比之前提升了20%，劳动时间从以前的10个半小时缩短到8个半小时，也大大降低了对员工健康的危害。

对策的重点：
① 管理者为了深刻了解作业内容，进行了仔细的观察和分析
② 为杜绝工作时间浪费而改善了工作环境
③ 明确此项作业最需要的"资质"是什么，从而进行人才取舍

有一点需要注意的是，"管理者为了深刻了解作业内容，进行了仔细的观察和分析"，这是所有改善策略的起点。

泰勒在《科学管理原理》中指出："劳动者生产效率不高的原因多半在于管理者没有细致了解员工的工作。"

这一思想被称为"作业管理"，也就是"上司要向下属分配正确的工作量，让员工使用正确的工作方法"，这样才能使员工的工作效率最大化。这一思想在如今的员工入职培训中也得到了广泛的应用。

还有一点很重要，面对同一种现实（工作），要用不同的哲学思想去分析。

正是由于管理者认真观察了劳动者，产量才会达到质的飞跃。这便是"科学管理法"。

"科学管理法"被称为管理科学的鼻祖，因为它用不同于以往的眼光看待了同一项作业，从而发现了看不见的浪费，并且提出了解决的对策。

相反，那些不会运用多向思维的人，就无法从现实中得到新发现。

泰勒这种测量作业时间的简单想法，使得全美国的工厂都有了新的发现。泰勒的战略告诉我们，无论是崭新的生产设备，还是我们的人生，通过改变视角都会有新的发现。

> **弗雷德里克·泰勒**
>
> 因眼疾而放弃了成为律师的志向，成为一名技工，并对工厂进行了改革。他被称为"科学管理之父"，德鲁克和戴明都曾在他的泰勒协会中进行过学习。

# 09 优化战略

## 大野耐一"丰田生产方式":拷问现状,创新生产方式

为什么丰田汽车能够做到世界第一?

## 挑战发明狂人丰田佐吉的"世界"

丰田汽车公司位于爱知县丰田市，它发端于发明家丰田佐吉（1867年生）创立的丰田汽车机械制造厂的"汽车部"。

1867年正是德川庆喜大政奉还的那一年。在武士时代与明治维新的交错时期，丰田汽车诞生了。

1910年，丰田佐吉前往纽约视察旅行，当他看到大街上到处都是新发售的T型福特车时，深受感触。回国后，他总是重复着一句话："接下来就是汽车时代了。"（佐吉曾去欧洲、上海等地考察。）

丰田佐吉有八十多项发明专利，在海外取得了18项专利。他是明治到大正时期名副其实的"发明狂"。他拥有强烈的执念和决心，就是要证明当时因模仿国外技术而受到揶揄的日本人也有属于自己的发明。

> 提起螺旋菌研究，我们就会想起野口英世。但是，这些研究都是在白人的指导、援助下，利用他们的设备力量完成的。今天，我要创造和白人绝对没有任何关系、完全凭借日本人自己的力量实现的大发明。

1935年，在东京芝浦的新车发布会上，时任社长的丰田喜一郎所说的这一段话引起了不小的轰动。他曾说："我致力于机械，用我的方式效力于祖国。你制造汽车，用你的方式效力国家。这是父亲留下的遗言。"

丰田生产方式的创立者、著有《丰田生产方式》一书的大野耐一就颇有佐吉的风范。受佐吉影响的喜一郎在日本战败后曾说出"三年赶超美国"的豪言壮语，由此可以看出，当时的丰田就已经是一个敢于挑战世界的公司了。

## 福特式的大规模生产也有弊端

大野指出，日本在1973年之前经济持续高速发展，和1973年石油危机之后显然是两个不同的时代。

石油危机无论是对政府、企业还是个人生活都产生了很大的影响。石油危机次年，日本经济就出现了零增长，所有产业都陷入了恐惧之中。

在市场需求量极大的经济高速发展时期，日本企业曾长期采用美国式的批量生产方式。但是，石油危机之后，日本进入了"无法大量销售产品""必须多样化少量生产"的时代。1973年以后，丰田汽车还能保持每年盈利比其他生产商高出一截，这引起了大家的关注。

美国式的大量生产着眼于产量与成本的比例，产量增加会降低生产成本。这与马克西-西尔伯斯通曲线①理论相吻合。简单地说，也就是产量越大，产品的制造费用就会越低，从而产生成本降低的效果。

亨利·福特曾说过："无论顾客需要什么颜色的汽车，我们只有黑色。"因为全部都是黑色的汽车有利于降低制造费用，使得高品质的产品也能控制在相对低的价位。

但是，美国式的大量生产方式存在着三大问题。

### ① 生产过多造成的浪费

产量过多有时候也是一种浪费。像汽车这种配件和工程量都较大的产品，即使其中一个部门的产量很高，但如果其他部门没有跟上，

---

① 1959年，马克西和西尔伯斯通通过对汽车工业规模经济的研究，提出了著名的马克西-西尔伯斯通曲线，从实证角度验证了企业规模经济的存在。规模经济理论假定长期平均成本函数为"U"状，即长期平均成本在较低的产量范围内是下降的，在较高的产量范围内是上升的。

高产出的配件就会被闲置，产生浪费。

② 无法减少人员

美国式的大量生产在产量减产的情况下也无法裁退人员。相反，丰田生产方式在生产同一种产品的时候，会将"用最少的人力完成工作量"作为目标。当一种产品滞销的时候，相应生产线的人员可以被调到畅销产品的生产线上。

③ 无法转向多品种少生产的形式

当企业计划用大量生产来削减成本的时候，如果产品的销量很低，那么它的成本当然会不降反升。而丰田的生产方式与销售相吻合，即使每个消费者都购买不同型号的汽车，厂家的成本也不会大幅提高。

大野在书中写到，他在1953年就明确地意识到单纯模仿美国式批量生产的危险性。也就是说，在石油危机发生的20年前，丰田就已经看清了美国式大规模生产的弊端。

## 小规模生产也能降低成本吗？

亨利·福特实现了汽车公司的大众化。

他发明了"流水线生产方式"，配件不必再搬运到汽车组装车间，而是让车体在配件车间之间移动，大大提高了组装效率。

20世纪初发明的这种流水线生产方式现在仍被广泛应用于制造业的各个领域。这种车体流动而不是配件移动的方式，与丰田生产方式是相同的。

那么，两者存在着何种差异呢？主要有以下两点不同。

① just in time（准时生产）

相比福特大规模生产各种配件来保证库存的生产方式，丰田的生产方式彻底排除了因产出大于销售而造成的浪费,从而减轻了各个方面的负担。

"根据后续工程量确定前期工程的产量",这样就可以将闲置库存降至最低。

### ② 同时实现多品种和低成本

在昭和二十年代(20世纪40年代)的丰田生产现场,大型压力机压缩金属模具需要两三个小时。通常在这种情况下,使用压力机的时候倾向于对同一类型的产品进行大量生产,从而提高效率(因为大型压力机的工作时间很长)。

但是到了昭和四十年代(20世纪60年代)后期,时间缩短到仅仅三分钟。这一改良意味着即使是对不同类型的产品分别压缩,也不会降低工作效率。

福特只大量生产单一的黑色汽车,他认为这样才会降低成本。

但丰田生产方式却与之相反,它承接所有颜色的订单,以同样低的成本为顾客提供更多的选择,吸引了更多消费者的目光,实现了低成本多样式的生产方式。

丰田佐吉倾注心血造就了属于日本人自己的发明,他创立的企业可以与亨利·福特匹敌,并且创造了一套崭新的生产体系,将丰田推向了世界。

## 要反复问"为什么"

丰田生产方式非常重视"为什么"。我们假定机器突然不运作了,丰田生产方式下会产生这样五个问题。

## 丰田生产方式（just in time）

### 福特的流水线生产方式

车体在传送带上在各配件车间之间移动，为了降低成本大量地生产同一种配件。

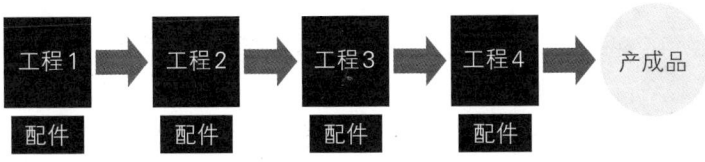

### 丰田生产方式

同样将车体放在传送带上，根据后续工程量决定前期生产量，适量生产。

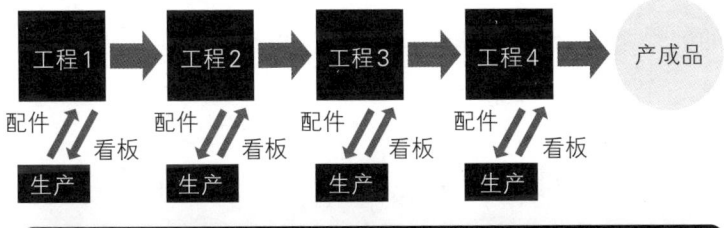

库房堆积量及其所占用的时间、空间和管理人员都几乎接近于零，只生产畅销产品。

> ① 机器为什么会停止运作?
> 因为超负荷导致保险丝断裂。
> ② 为什么会超负荷?
> 因为轴承不够润滑。
> ③ 为什么不够润滑?
> 因为润滑泵工作不良。
> ④ 为什么润滑泵工作不良?
> 因为泵的轴部过度损耗。
> ⑤ 为什么会过度损耗?
> 因为没有安装过滤器使得残渣进入其中。

"通过反复五遍'为什么'的询问,成功找到安装过滤器这个对策。如果没有反复地问'为什么',对策也许只会停留在更换保险丝或者更换润滑泵的阶段。那样,几个月后同样的故障还会继续发生。"

问题发生时,如果没有找到准确的原因,最终的对策就不会起到多大的效果。反复五遍提出"为什么"可以让我们发现问题的本质,找出解决问题的正确方案。

## 丰田成为世界顶级企业得益于生产体系的创新

也许大家已经看出来了,丰田生产方式的关键在于质疑旧的生产体系,重新定义了生产体系。

他们经常思考"现有的真的就是最好的吗?"他们善于向现实中的常识提出质疑,用新的思想追求效率,如此才成就了新的生产体系。

另外,丰田还自创了许多术语,体现了生产体系的新目标。

**自动化：** 判断残次品自动停止生产（针对大量产出残次品的对策）
**看板管理：** 根据生产线所需要的量，制造相应数量的配件
**多能工：** 一个操作员兼顾多项工程（避免造成库存堆积）
**少人化：** 同等数量的产品尽量使用较少的操作员来完成。

如今的丰田已经成为总销售量超过25万亿日元的巨大企业，在生产、销售等方面都取得过世界第一的成就。

丰田生产方式的精髓在于，彻底消除了看不见的浪费，同时拥有"定义优秀生产体系的能力"。

**大野耐一**

进入丰田纺织公司以后，调入丰田汽车工业部门。对工厂的生产方式进行了革新，出版著作《丰田生产方式》，创造出多品种低成本的新生产体系。

# 10 时间削减战略

## 乔治·斯托克"时基竞争":缩短利益生产环节的时间

亚马逊席卷世界运用的最强武器是什么?

## 在"时间"上处于优势有什么好处?

我们在介绍丰田生产方式的时候提到过,大型压力机在压缩模型的时候要交替工作,昭和二十年代(20世纪40年代)工作一次需要两三个小时,昭和四十年代(20世纪60年代)时缩短到了三分钟。

20世纪80年代,波士顿咨询公司的乔治·斯托克对日本企业进行了调查,来研究美国企业在亚洲以利润为导向的战略。结果,他发现以丰田为首的日本企业多以缩短生产时间为武器,并且实现了"多品种低成本"的生产体系。

他根据等待的时间、修改的时间以及检查与准备的时间计算得出,产生附加值的时间不超过整个生产过程的5%。95%的时间都没有直接地产生附加值。

那么,如果缩短95%的时间会产生怎样的好处呢?

> 缩短时间能够产生的好处:
> · 削减成本
> · 成本不变的情况下增加商品数量
> · 减轻库存负担(加快周转率)
> · 提高对特别定制品的适应性
> · 提高效益

日本的汽车制造公司从新车的开发到销售一般需要36个月。根据斯托克的调查,美国企业却需要60个月左右。从开发到销售的时间越短,越能及时地满足消费者的最新需求。

这说明同时进行多项作业、缩短产品的生产时间,不仅能够减少开发成本,还能迅速地应对消费者的需求。

## 亚马逊是典型的时基竞争型企业

斯托克将集中缩短时间的竞争战略定义为"时基竞争战略",并将采用这种战略的企业称为"时基竞争型企业"。

它与丰田生产方式有何不同呢？

时基竞争战略既重视缩短时间带来的利益,同时还将战略的使用范围扩大到除生产之外的所有商业用途。

近年来,尤其是在缩短消费者的购物时间上,时基竞争战略得到了有效应用。

虽然在斯托克的著作中没有体现,但不可否认,最大的网上书店亚马逊就是典型案例。人们去书店买书,需要先前往书店,然后寻找书籍,如果找不到还要向店员询问是否有库存。而这个过程中,最重要的其实只是付钱那短短几秒,其余都是在浪费时间。

亚马逊将购书时那些不必要的过程通通省略掉了。

波士顿咨询公司在20世纪90年代的著作《与时间竞争》中就曾提到过,一些美国企业通过缩短消费者的购物时间而获益。

在研究日本企业过程中发现的时基竞争战略,已经被美国企业灵活运用,缩短了消费者购物时间,并因此迅速地获得了竞争力,从而取得价格上的优势。

最近,亚马逊增加了当日速达的配送服务。虽然这项服务会收取相应的费用,但是对于那些急需资料的顾客来说是一项很有价值的服务。

另外,《与时间竞争》一书还指出,一些日本企业即使缩短了生产时间，也不善于将迅捷与新型商务形式联系到一起，因此日本企业将迅捷转换为利益的事例很罕见。

## 让缩短时间成为产品升值和吸引顾客的引擎

斯托克在《与时间竞争》中提到：

> 利用自身的快速应对成为顾客不可或缺的存在，同时兼顾产品的多样性，提高顾客对自身产品的依赖。迅速应对是提高利润不可缺少的武器。

> 给最有魅力的顾客提供升值服务。这样，其他公司就只剩下没有魅力的顾客。所谓最有魅力的顾客就是对自己想要的东西不愿多等一分钟的顾客。没有魅力的顾客就是不会像性急的顾客那样多付钱而甘愿等待的顾客。拥有迅速应对能力的企业会在性急的顾客身上利用低成本高价格而积累丰厚的利润。

快餐、宅急便、外卖、便利店等，这些都是通过缩短时间而获得附加值的行业。我们在利用时基竞争战略时要注意，要将目光集中在消费者为实现目的过程中究竟浪费了多少时间。

东京迪士尼的快速巴士就是一项缩短客人等待时间的服务。它可以在指定时间内利用原本等待的时间让客人自由愉快地享受美食与购物。

如今的社会，不仅仅是在消费场所，从医疗机构的候诊室到城市交通的拥堵，缩短时间都可以为我们带来商机。

## 无论什么时代，顾客都需要快捷

前面提过的《与时间竞争》一书指出，包括决策和物流在内的企业活动，大约仅有10%的活动能够产生附加值。而且，许多企业由于信息没能迅速传达给必要的部门和必要的人员，造成了大量的库存堆积。

以缩短时间为起点的战略仍然拥有许多拓展空间。

而缩短时间与利益没能联系到一起的例子也有很多。

1993年，日产汽车宣布了关闭工厂的计划，同时期的丰田也陷入了不景气。一时间，曾经以速度制胜的日本企业仿佛失去了竞争优势。

这其中的原因在于，日本企业将最大限度地提升速度当作最终目的，忽略了顾客的需求。一味高速生产顾客不感兴趣的产品，最终造成企业陷入低效。

如今进行网络购物，只要顾客注册会员、登录账户，购物就会非常便利。只要用鼠标点击几下，你想要的商品就会被送到家中，这足以说明"缩短时间战略"在社会的广泛渗透。缩短消费者购物时间的倾向今后也会继续延续。

时基竞争战略源自日本企业"改善""消除浪费"等策略，如今它已成为了一项与时俱进、持续应用的有效战略。

**乔治·斯托克**

美国波士顿咨询公司的顾问。1979年开始研究丰田的"看板管理"。他对以时间为竞争力的日本企业进行分析，1990年与托马斯·霍特共同出版著作《与时间竞争》。

# 第4章

## 打破组织界限的
## 执行力战略

# 11 知识创造战略

## 野中郁次郎和竹内弘高"知识创造企业"：
## 让组织创造新的成功方程式

为什么在家电这个已经成熟的市场还能生产出热卖产品？

## 松下电器的复活

松下电器在1987年2月发售了自动面包机。虽然价格昂贵（36,000日元），却在发售的第一年就创造了53.6万台的销售记录，成为当年母亲节最佳礼品排行榜冠军。

这款自动面包机也出口到海外，在世界各地同样获得了好评。它在已经成熟的厨房家电市场中获得了极其罕见的成功。美国《财富》杂志在1987年10月刊中也大篇幅地报道了松下公司这一优秀业绩，它在美国市场的销售量达到了近100万台。

松下自动面包机的成功仿佛是对成熟家电市场的一个讽刺。同年秋天，它又发售了带研磨咖啡豆功能的咖啡机。这款能够自动研磨咖啡豆、自动煮咖啡的产品再一次成为热卖商品。

翌年，松下又发售了与传统炉灶原理相同的电磁加热电饭锅。尽管它的价格是以往电饭锅的两倍，达到了59,000日元，但是松下电饭锅的整体销售额却提升了约50%，并且市场份额也扩大了7%，成为热门品牌。

曾经低迷的松下电器为什么会忽然生产出如此多的热卖产品呢？原因在于日本企业的技术革新。

## 这样合并不就没意义了吗？

原防卫大学教授、现一桥大学名誉教授野中郁次郎与同样是一桥大学名誉教授、现哈佛大学商学院教授的竹内弘高合作出版了《知识创造企业》一书。书中描写了20世纪70年代松下公司在成熟的家电市场中持续苦战的事迹。

松下公司在1983年将战略的焦点从家电转移到高科技和产业用制品，将家电的三个部门合并为"厨房电器部门"。合并的目的有两个：

- 消除资源重复、改善组织效率
- 合并三个部门的技术，再次走成长路线

通过合并缩减过剩的生产设备，提高了利润率（7.2%~9%），但是销售额却从1984年的627亿日元下降到两年后的604亿日元。于是合并的效果受到质疑，公司不得不开始思考解决的办法。

> 如果仅仅依靠原有技术，削减固定费用，只求在市场中能存活下来，那么合并也就没有意义了。必须根据三个部门的特征开发出新的创意。（出自《知识创造企业》中策划科科长桝村的发言）

公司从合并的部门中挑选出了13位中层管理人员，对他们进行了三天集训，讨论了部门的现状与将来的发展方向。

1984年，为了找到新的发展方向，公司向美国派遣了策划小组，专门考察美国人的日常生活。他们发现"许多主妇都外出工作，家庭的饮食因此变得简单、缺乏营养"，正是这一点让他们发现了新的商机。

## 获得组织外的知识，从内部打破壁垒

通过在美国的调查，策划小组产生了"Easy & Rich"的创意概念。它意在让那些工作繁忙的女性既能轻松地准备饭菜，又能保证丰富的营养。

策划小组回国后立即根据"Easy & Rich"的创意概念着手开发面包机。

但是，最开始的机器做出的面包并不那么美味，为了解决这个问题，担任软件设计的女工程师专门到大阪的国际宾馆去学习糕点制作。

为了观察面包的制作过程，公司派出了多名工程师去学习。

女工程师经过练习，告诉其他工程师，在和面的时候一定要使面团有韧劲。受到启发的工程师们对容器的形状进行了专门研究，最终制造出了任何人都能够做出美味面包的全自动面包机。

## 要对知识进行快速创新

《知识创造企业》中对"知识"一词的定义为：企业的一种成功方程式。在旧的成功方程式不再通用的时候，就需要从组织之外的"现实"和"体验"中创造出新的成功方程式。

> 书中指出该战略的三个结构：
> ① "新创意"定位新的飞跃方向
> ② 先"体验"，再讨论
> ③ 使用具体的"象征性词语"

知识创造大多与"开发新产品"密切相连。当现有产品逐渐过时，就需要从零开始构思新想法。

因此，组织中的成员需要脱离陈旧的模式与路线，创造出"飞跃的创新概念"。其中，最重要的是要给予成员方向性的提示。

其次，要了解外部的其他组织，企业需要在体验之后展开讨论。通过积攒有关的创意概念体验，形成一些必要的隐性知识。

佳能在1982年发售了一款体积小、价格低且提供免费保养的"迷你复印机"。因为他们察觉到，商务复印机的需求在不久的将来会达到极限，这种危机感使佳能产生了"开发全新复印机"的创新概念。

佳能在产品开发阶段打出了"制造 AE-1 式复印机"的口号。所谓 AE-1 是佳能在 1976 年发售的附带微型电脑的单反相机，是佳能史上最成功的商品。这个口号向公司的技术人员传递了这项工程的重要性，使员工清楚地认识到产品要达到的高度。

《知识创造企业》并不单单指团队全员团结一致解决问题，还要向各个阶层提示创造新知识的有效方法，使每个人都走向新的轨道，引导他们思考新的创意与行动。

面包机的成功在于让专业的烹饪技术能够轻松地出现于平常百姓家中，松下电器获得了新的成功方式，因此才会不断地创造出热卖商品。

为了掌握面包师傅"无法用语言表达"的技术，工程师们通过体验来掌握隐性知识，然后将其用语言表达出来。

隐性知识变为形式上的知识之后，工程师们便得到了将其器械化的启示。于是高性能的自动面包机得以出世，并在世界各地热卖。

先体验再讨论，这是学习新知识不可缺少的重要过程。

日本企业通过吸收"组织之外的隐性知识"，与自身的其他知识相结合，打破内部壁垒，逐渐得到了进化。

## 隐性知识因为不为人知，所以才有优势？

《知识创造企业》不仅描写了 20 世纪 80 年代后期日本企业在世界的优势地位，还谈到了泡沫经济之后日本企业的不景气。

> 日本企业的发展的确在减速。但是，我们可以断言，日本企业在经历过这次不景气之后，一定会变得更加强大。从历史经验我们不难看出，日本企业在直面危机的时候，能够果断地废除过去的成功经验，创造新的知识，他们为了寻求新的商机勇于挑战未知的领域。

## 知识创造企业的框架

**1** "新创意"定位新的飞跃方向
- 脱离陈旧的方式,定位新的发展方向
- (例)佳能的"全新复印机"等。

**2** 先"体验"再讨论
- 齐心合力进行实际体验
- (例)平均年龄在27岁的开发团队进行集训讨论、赴美国考察等。

**3** 使用具体的"象征性词语"
- 从众多成员身上集合知识与想法
- (例)灵活运用加快具体化的语言,如"Easy&Rich""韧劲"以及"AE-1式复印机"等。

> 组织的"外部世界"与"体验"创造出新的成功方程式

但是，从1996年到2015年，在这近20年时间里能够做到这一点，拥有顽强复活能力的企业似乎越来越少了。

《知识创造企业》一书认为日本企业之所以没能再次强大，有以下两点原因。

### ① 外国企业对"隐性知识"进行了全新的定义

隐性知识本身就很模糊，在《知识创造企业》一书出现之前它还没有被明确地定义过。该书出现之后，外国企业便将"学习隐性知识以及将隐性知识形象化"作为重要的企业战略。经过研究和实践，在20世纪80年代，技术革新在世界范围内得到了快速发展。

### ② 原有的"日本文化"日益淡薄，西方思想却强化了

20世纪80年代以前，日本企业都继承了"日本文化"。但是，为了能够有效地进行知识创造，日本公司以及日本人逐渐西方化，"身心如一""主客一体"等重视体验和行动的风气渐渐消失，敢于探求未知的勇气也慢慢退去，始于行动的知识创造力变得日渐贫乏。

将"隐性知识"转变为形式上的知识的海外企业和研究者，比日本企业更快速地进行知识创造。而将知识创造当作本国文化的日本企业却大多没有那么强烈的意识，因此"知识创造"发展的也就比国外企业缓慢。

> **野中郁次郎**
> 1935年出生。一桥大学名誉教授，加利福尼亚大学伯克利分校商学院名誉教授。与他人共著《失败的本质》，另外在日本企业经营、领导力等方面也有许多著作。

# 12 组织的动机战略

## 彼得斯"追求卓越":通过动机形成来激发卓越执行力

通过对60个公司的调查,得出的卓越企业的特质是什么?

## 激发平凡人身上的非凡能力

> 如果你渴望提高生产率并想在账面上有所回报的话,你就应当把工人视为你最重要的资产。①

"卓越企业",也就是最优秀的企业应该具有什么样的特征呢?有一本书向大家揭开了这个谜底。

20世纪70年代末,世界著名咨询公司麦肯锡的员工彼得斯和沃特曼合著了《追求卓越》一书。

他们对美国数字设备公司(DEC)、惠普公司、P&G、强生、卡特彼勒公司、3M、万豪、麦当劳、陶氏集团等六十多家优秀企业进行了详尽的访谈调查,从中寻找它们的共同点。

书中分析,这些优秀的企业都非常重视软领域,与美国主流的定量分析式企业改革完全不同。《追求卓越》获得世界瞩目,发行量达600万部,是全球最畅销书籍之一。

## 冷血组织无法激发员工的热情

彼得斯和沃特曼在调查初期曾将注意力集中于战略与组织结构层面。但是,不久他们认识到,单单研究组织构造不够全面。例如下面这个问题:

---

① 托马斯·彼得斯、罗伯特·沃特曼著,北京天下风经济文化研究所译:《追求卓越》,北京:中央编译出版社,2001年3月第1版,第250页。

1970 年代占正统地位的是时髦的矩阵结构，虽然这种结构是无用的，那么 1980 年代企业将普遍采用什么样的结构形式呢？①

二人通过调查发现了一个重要的结论。那就是为什么要创造组织？他们发现许多美国企业都被经营管理的小道具夺去了目光，而忽略了更高层次的管理技术。

我们反对的是盲目的分析，是太过复杂而没有实际用途和太笨拙而不够灵活的定量分析，试图对本来就不可知的……预测，作出精确的分析……我们尤其反对目的在于通过控制来主导企业发展，而不参与具体的实施过程的幕僚人员来安排操作这类的分析。②

他们通过调查全美国的优秀企业，发现为追求"整体效率"而操弄组织的人，会败给齐心协力工作的小集团。研究开发部门的严密生产计划完全可以被那些全身心投入工作的高技术人员的小团队所替代。

理性主义的管理方式不会告诉员工顾客就是上帝的意义，系数管理只会向职工吩咐任务，不会关心员工对工作是否有一体感与归属感。

## 人才才是关键

那么，根据调查六十多家企业的结果，卓越企业到底具有什么样的属性呢？

---

① 托马斯·彼得斯、罗伯特·沃特曼著，北京天下风经济文化研究所译：《追求卓越》，北京：中央编译出版社，2001 年 3 月第 1 版，第 7 页。
② 托马斯·彼得斯、罗伯特·沃特曼著，北京天下风经济文化研究所译：《追求卓越》，北京：中央编译出版社，2001 年 3 月第 1 版，第 29 页。

**卓越企业的八个属性**

① 崇尚行动

② 贴近顾客

③ 自主创新

④ 以人促产

⑤ 价值驱动

⑥ 不离本行

⑦ 精兵简政

⑧ 宽严并济

将以上八点归纳一下，可以总结为以下两点。

**① 规模扩大的同时保持小组织的灵敏性**

无论多么优秀多么庞大的企业，都是经过漫长的创业期成长起来的。要记住，无论规模扩展到多大，永远不要失去原本的灵活性、决断力和行动力。

要防止出现只分析不行动的阶层，排除由于组织膨胀而导致的不利因素，保持"成长期"组织的特性。

**② 有能够激发员工动力的企业文化**

不要使管理层与员工形成对立，要拥有一种能让所有员工都对公司有归属感的"企业文化"。人们在追求人生意义的同时都渴望变得优秀、渴望得到肯定。因此，企业有必要根据人们的基本欲求赋予他们合理的动机。优秀企业会正确地强调、巩固"员工对工作拥有热情的意义"。

《追求卓越》的精彩之处在于，向读者展示了脱离这两点，公司将存在哪些弊端，使读者体会到这两个要点的意义。许多企业在初见成功后，就会扩大规模、增加员工人数，却忽略了当初的自由民主与应对问题的灵活性。

随着组织的扩大，等待命令和只顾自己的员工自然就会增加，曾经那种野心勃勃、全体员工都对工作抱有极大热情的状态会随之消失。

彼得斯他们总结的"优秀的美国企业"所具备的属性就是：避免掉入成功和成长带来的两大陷阱，兼备贤明与文化。

## 卓越企业消失之谜

想必许多读者都知道，多年之后，《追求卓越》介绍的好几家卓越企业都已经消失了（比如Wonder、DEC）。

彼得斯和沃曼特的研究范围是成功大企业的共同点，中心内容是忠告企业在扩大组织的同时要避免掉入管理陷阱。

所以，它具有以下两个"重大死角"。

### ① 八大属性并非成长的原动力

卓越企业的属性并没有体现从小企业向大企业跃进的成长原动力，只是提出了在组织成为大型企业之后，防止组织成长速度放缓的对策。

### ② 在技术快速革新的领域，八大属性有时毫无意义

在员工"动机形成"方面比较成功的IBM，因在个人电脑领域进军缓慢，1991年时曾传出破产谣言。在技术快速革新的领域，过去的产品很容易因革新失去优势。这时，即使具备八大属性也很难使成功继续。

《追求卓越》中八大属性的效果需要在一定条件下才能发挥出来。彼得斯他们分析的是"成功后"的优秀企业，这也是八大属性具有局限性的原因之一。

## 小企业的大胆

即使《追求卓越》的建议具有一定的局限性，它仍然具有宝贵的意义。甚至可以说，明确了适用范围也许能使效果更显著。

通过《追求卓越》，我们学到了怎样防止企业因规模变大而失去专业性、灵敏性，以及在企业规模很小时，如何防止员工失去对工作的热情与动力。

大型企业要时刻保持小企业那样大胆的执行力，使全体员工对工作产生高涨的热情，通过企业文化使企业继续优秀下去，这便是《追求卓越》的重点。

> **彼得斯**
>
> 1942年出生。斯坦福大学管理学硕士及博士。曾为海军工作，担任过五角大楼以及白宫的顾问。1974年到1981年就职于麦肯锡公司。

# 13 组织进步战略

## 吉姆·柯林斯"基业长青":通过组织愿景获得超越时代的永生

长青企业共同的八个惊人法则是什么?

## 畅销书里的"长青法则"

那些具有顽强生命力的企业拥有什么样的特征呢?

有一本书正好能帮助置身商务世界的人揭开这个谜底。

曾就职于麦肯锡的吉姆·柯林斯与GE前员工、斯坦福教授杰里·波勒斯合著了《基业长青》一书。

这本书自1994年出版以来,连续五年成为全美最畅销书籍。当时,有一百多万美国商务人士都热衷于此书。

3M、美国证券交易所、波音公司、GE、IBM、强生、万豪、默克集团、P&G、索尼、迪士尼等,这些"翘楚中的翘楚"的优秀企业为什么能够战胜对手、取得优良的业绩,并且经久不衰?

作者在《基业长青》中进行了大量的调查研究,对调查的分析也非常独特。

---

**高瞻远瞩公司的标准**

- 所在行业中第一流的机构
- 广受企业人士崇敬
- 对世界有着不可磨灭的影响
- 已经历很多代CEO
- 已经历很多次产品(或服务)生命周期
- 1950年以前创立

---

高瞻远瞩意为有"远见"和"前瞻性"。作者在调查之初,从《财富》

杂志与《Inc.》杂志的企业排名中挑选出了700家公司，对他们的CEO进行问卷调查，从中选出了排名前二十的公司，对他们的特征进行了全方位的验证。

## 优秀企业不需要领袖人物，也不需要伟大的构想

问卷调查完全颠覆了作者的假设，这些令人惊异和违反直觉的发现让人醍醐灌顶。《基业长青》改变了我们通常对优秀企业的印象（神话），发现了许多新的东西。

优秀企业的神话与现实的不同[①]：

**神话**：伟大的公司靠伟大的构想起家。

**现实**：靠"伟大的构想"创立公司可能是个馊主意。高瞻远瞩公司创业时，没有几家拥有伟大的构想。事实上，有些公司创立时根本没有特定的构想，也有几家一开始就错误连连。反而像龟兔赛跑的寓言一样，高瞻远瞩公司起步时经常步履蹒跚，最终却赢得长距离的竞赛。

**神话**：高瞻远瞩公司需要杰出而眼光远大的魅力型领导者。

**现实**：高瞻远瞩公司绝对不需要眼光远大的魅力型领导，事实上，这种领导对公司的长期发展可能有害。高瞻远瞩公司历史上若干最出众的CEO，并不是高姿态魅力型领导的典型，有些人更刻意避免做这种典型，他们更注重如何组建一个长期永恒的组织。

**神话**：绩优公司事事谨慎。

**现实**：外人可能觉得高瞻远瞩公司严肃而保守，其实它们勇于投身"胆大包天的目标"。只有敢于冒险，才能激发进步，在历史的关键时刻奋勇超越竞争公司。

---

① 吉姆·柯林斯、杰里·波勒斯著，真如译，俞利军审校：《基业长青》，北京：中信出版社，2006年9月第3版。

相比领袖人物，"长青企业"拥有的是重视企业文化建设的CEO。保持独立的"基本理念"，促进全体员工理念进化，最后才能成为基业长青的企业。

## 衰落企业与长青企业的不同

那么，长青企业的真实特征到底有哪些呢？

柯林斯总结了八点。

> **长青企业的八项生存法则：**
> ① 公司才是终极的创造
> ② 务实的理想主义
> ③ 保持核心，刺激进步
> ④ 设立大胆的目标
> ⑤ 建立企业文化
> ⑥ 择强汰弱的进化
> ⑦ 用内部晋升保存核心
> ⑧ 永不满足

本书认为这"八项生存法则"可以分为以下三大类：

### ① 公司才是终极的创造

对于领导高瞻远瞩企业的CEO来说，"最终的创造"就是公司本身，为公司注入"能够持续不断提供优越的产品和服务"的热情。

相反，如今有很多企业过于重视产品，忽略了制造产品的原动力，其实"公司本身"就是最重要的产品。

### ② 让员工认识到公司的特别之处

要让员工明确自身的资质，与企业文化合为一体。使员工强烈地意识到自己所在的公司是一个特别的公司，这样才会让大家拥有持续工作的动力。

### ③ 拥有创新和飞跃的能力

八项生存法则中的第四条，所述的"大胆的目标"，是指类似美国波音公司在20世纪50年代的喷气式客机建造计划，索尼在半导体还未普及的时代灵活运用收音机，这样不断地追求大胆的目标。

柯林斯总结说："留在舒适安全的地方丝毫不能刺激进步。"长青企业在必要的时候应该设立赌上公司命运的大胆目标，使企业跳出安全地带，刺激自己向着更好的方向前进。

《基业长青》的英文名为 Built to Last，读者能够从中强烈地感受到长青企业为了"保持兴旺"所做的努力。

## 索尼差一点成为电褥垫公司

《基业长青》还介绍说，索尼创始人井深大，在吃了上顿没下顿的时代，就替自己新创的公司确定了一种理念，而且在远未赚到多余的周转资金之时，就替公司制定了一份公开"说明书"，这样的行为值得我们关注。

> **索尼的公司目标**[①]：
> ·构建一个工作场所，让工程师能够感受科技创新的欢乐，了解他们对社会的使命，并心满意足地工作。
> ·动力十足地追求科技活动以及用生产来复兴日本和提升国家

---

[①] 吉姆·柯林斯，杰里·波勒斯著，真如译，俞利军审校：《基业长青》，北京：中信出版社，2006年9月第3版，第64页。

文化的行动。

· 把先进科技应用于公众生活中。

在索尼创立初期，曾制造过电饭锅、和果子、粗糙的电褥垫等失败产品。如果当时索尼制造的电褥垫热卖，同时又没有设立以上公司目标的话，索尼又会如何呢？

如果索尼没有提前设立远大的目标和理想，最终成为一个"生产电褥垫的公司"，也许就只是一家平凡的小公司而已。

> 如果你把公司的成功和某个成功的构想划上等号——很多企业人士都这样做——那么，如果那个构想失败了，你很可能会放弃公司；如果那个构想恰好成功了，你很可能对它产生一种感情上的牵绊，并且在公司应该大力前进、追求其他目标时，还沉溺在那个构想中。[①]

每个人都会被"成功"所困，如果索尼公司的电褥垫如愿热卖，也许索尼就会一直围绕电褥垫生存下去。

然而，索尼设立的公司目标是"复兴日本""把先进科技应用于公众生活中"，只要他们想起公司目标，就不会安于制造电褥垫了。所以，索尼超越了这项产品的范围。

世界优秀企业宝洁（P&G）始创于1873年，最初制造的只是不起眼的香皂与蜡烛。它与索尼一样，并不是在创业初期就拥有特别的创意。当时，仅俄亥俄州的辛辛那提市就有18家相同类型的企业。

---

① 吉姆·柯林斯、杰里·波勒斯著，真如译，俞利军审校：《基业长青》，北京：中信出版社，2006年9月第3版，第36页。

## 要成为特别的企业

只有优先于"特别企业的发明",拥有优秀的领导者,组织才能基业长青。

有些企业一旦尝到了成功的滋味,就无法离开现有的顾客、现有的商业范围。然而,只有追求大胆的目标,才能回归创业的起点,才能使企业产生超越时代的想法。

支撑"八项生存法则"的根本,是能够使组织成为特别企业的领导者,以及相信自己就职于一家特殊企业的员工。相信自身企业的特殊性,就会以生产特殊产品为目标,从而拥有其他公司无法比拟的气魄。

人们经常会将《基业长青》与早它10年出版的《追求卓越》进行比较。《追求卓越》告诉大家的是,即使成为大型企业也不要失去小型组织所具有的优势,而《基业长青》着重于企业如何在时代变迁中防止创造力衰退。

> **吉姆·柯林斯**
> 1958年出生。美国斯坦福大学数学专业毕业,并取得了MBA学位。曾就职于麦肯锡、惠普等公司,1994年出版著作《基业长青》。

第 5 章

创造卓越的
# 目标达成战略

# 14 自我管理战略

## 德鲁克"卓有成效的管理者":改变个人习惯,在组织中创造成果

能够拿出成果的"五个习惯"是什么?

## 让经理人拿出成果的工作技巧

管理学家彼得·德鲁克将组织中做决策的人定义为管理者,他们的工作就是"拿出成果"。

那么,管理者和经理们如何才能将工作成果最大化?似乎没有一个普遍适用的系统技巧供大家学习。

与工作成果相关的,到底是行为还是才能?或是个性呢?

德鲁克告诉我们,其实哪一个都不是。

那么,被称为管理学之父、享誉世界的德鲁克,对于管理者怎样才能拿出工作成果这一问题,是如何分析的呢?

本书将从德鲁克最负盛名的《卓有成效的领导者》出发,看看书中分析的管理者拿出成果的工作技巧和策略。

## 妨碍个人拿出成果的四个现实

### ① 时间都被他人占用了

在组织中,一旦晋升到了一定的地位,所有时间都会被他人占用,也就无法确保思考的时间和总结业务的时间。

### ② 被迫忙于"日常运作"

只要不改善自身状况,谁都会被日常业务包围。更严重的是,那些日常业务根本不是工作的真正核心。如果被日常业务牵着走,就会离贡献和成果越来越远,也就浪费了自身的知识和能力。

### ③ 组织中工作（要让别人能够利用自己的贡献）

在组织中，只有自身的贡献被他人发现并得到利用，才算是有效的成果。反过来说，如果不能充分利用他人的能力，那么我们就无法拿出成果。

### ④ 限于组织内部的世界（与外部世界脱离）

身处组织内部总是会对内部产生强烈的关心，而与"外部现实"渐渐疏远，造成管理者无法清晰地看清外部世界。

因此，我们应该认识到，并非身在组织就会直接与成果相连，可以说正是组织这个大环境妨碍了我们拿出成果。

## 拥有这么多劣势，为什么还要建立组织？

组织既然拥有这么多劣势，为什么还能大量在社会上存在，并且有那么多组织受人尊敬呢？德鲁克针对这一问题是这样回答的：

> 事实上根据我们人类的经验，容易找到的人肯定不会是全才。所以，我们任用的人才，充其量也只能在某一项能力方面比较优秀。而某一项能力较强，自然在其他能力方面就不免平平了。[①]

世界上没样样精通的文武全才。因此，将那些某项能力很强的人集中到一起，忽略他们其他能力的不足，这便是组织。比如，拥有管理才能却性格内向的人，他虽然无法作为总经理进行各种活动，但可以在管理组织上发挥才能。组织的存在就是为了集合人们的强项并进行合理分配，灵活利用每个人的能力，将弱点最小化。

从个人角度考虑，能够最大限度地发挥自己强项的组织是最好的归宿。无论是谁，都有不擅长的事情，如果组织中有人能够弥补自己的缺点，那么双方都会受益。

---

① 德鲁克著，许是祥译：《卓有成效的管理者》，北京：机械工业出版社，2005年6月，第18页。

## 用五个习惯来规避组织的不足

我们已经认识到组织固有的问题会妨碍我们拿出成果,但我们也必须要灵活利用组织的特性,将成果最大化。德鲁克主张,正是由于组织中优势和不足并存,我们才更有必要努力拿出成果。

那么,我们应该如何努力呢?一起来看看德鲁克提倡的,要成为一个卓有成效的管理者,必须在思想上养成的五项习惯。

### ① 知道自己的时间用在什么地方

德鲁克认为,那些能够拿出成果的人并不是从工作或者计划下手,而是从时间下手。知晓自己的时间用在什么地方,消除非生产性时间,将时间集中到一起。为了解决重要的问题,要将大块的时间集中起来。

### ② 重视对外界的贡献

如果不经常自问"别人期望我做出什么成果",那么目标不仅会越来越低,还有可能设定错误的目标。我们应该从工作中抬起头,看看自己的目标。大多数人将焦点放在了努力上,而不是成果上,他们关注的是组织和上司给予了自己什么。结果,通常并没能拿出真正的成果。人们应该思考,对于组织之外的顾客,自身能够做出什么样的贡献。

### ③ 善于利用长处

组织虽然无法克服每个人的弱点,但是可以最小化这些弱点。组织的作用在于,将人们的强项集中到一项共同的事业中。在美国南北战争中,南方军队的指挥官对那些虽然欠缺平衡能力但是却拥有超凡指挥能力的人予以要职。这些将军屡次战胜了北方军队中那些平庸的将军。

### ④ 集中精力于少数重要的领域

能够拿出成果的人都从最重要的事情做起,一次只做一件事。而那些无法拿出成果的人,没有意识到完成一件工作必需的时间,他们通常会同时做许多事情。

同样重要的还有"摆脱已经不再有价值的过去"。定期检讨工作计划，发现无法继续的业务并取消。

德鲁克认为工作的原则应该为：(1)重将来而不重过去；(2)重视机会，不能只看到困难；(3)选择自己的方向，而不盲从；(4)目标要高，要有新意，不能只求安全和方便。[①]

⑤ **善于做出有效的决策**

决策事关组织和业绩。我们应该将目光集中于重要的决定，从根本上解决每个小问题。

## 在事业长河中逆流而上

在事业这条川流不息的大河中，如果朝对岸的目标直接向前游去，不知不觉中你就会被冲到下游。

为了不被河流淹没，我们要养成逆流而上的习惯。

而且要发挥人们的长处，弱化人们的短处，将成果最大化。

德鲁克总结的工作技巧，源于现实的组织和管理者对工作敏锐的洞察力，而不是空虚的理想（没有缺点的人类、没有缺点的组织）。这是我们在回避组织固有不足的同时，要获得最大化成果所不可或缺的必要战略。

> **德鲁克**
>
> 1909年出生于奥匈帝国，1942年担任美国本宁顿大学的教师，出版了多本管理思想领域的著作。

---

① 德鲁克著，许是祥译：《卓有成效的管理者》，北京：机械工业出版社，2005年6月，第113页。

# 15 激情杠杆战略

## 彼得斯"成为卓越员工":通过自我管理,最大限度发挥个人实力

为什么人们越被期待越能拿出好成果?

## 彼得斯的毕生经验：改变人生的战略

> 现在，我想将63年来的人生经验都传授给大家。有幼年时母亲的责罚、4岁生日时的教训，有两次参加越南战争期间战友给我的经验，还有在西伯利亚、爱沙尼亚、印度、中国、阿曼和宾夕法尼亚州这些地方参加研讨会时从300万参加者身上学到的东西……

第4章中我们曾介绍过享誉世界的咨询大师托马斯·彼得斯，他在另一本著作《追求卓越2：成就卓越的163个细节》[1]开头写了这样一段话。那么，他总结了毕生的经验，提出的集大成技能会给我们带来什么样的改变呢？

## 很多人的工作能力都被自己束缚了

1924年，芝加哥郊外的霍桑工厂开始了一场实验调查。

实验的目的是要证明"明亮的灯光会提高工作效率"。通过调查，他们发现了一件惊人的事情。

最初，调亮工厂的灯光确实提升了工作效率。

研究人员看到这个效果都很高兴，然而在进行"调暗灯光与明亮（通常）状态比较"时，工人们的工作效率仍然得到了提升。研究人员逐

---

[1] 汤姆·彼得斯著，魏平译：《追求卓越2：成就卓越的163个细节》，北京：中华工商联合出版社，2011年1月。

渐地将灯光变暗，但是令人惊奇的是，越是昏暗的环境，工作效率越高。

为什么会产生这样的结果呢？

最终，研究人员推测，是因为员工认为自己受到关注，所以下意识地提高了生产效率。

也就是说，很多人的工作量和工作能力都被自己限制了。

但是，一旦人们发现自己被周围的人或上司关注，就会下意识地解放被限制的工作能力，响应周围的期待，发挥出原本的实力。

这种效应被称为"霍桑效应"。

## 用"霍桑效应"让员工和团队更优秀

正如书名中的"成就卓越的163个细节"所表示的，彼得斯在书中提到了能够让你的员工和团队区别于他人的小窍门。本书将介绍其中的一个细节，即五个必要。

① 意义

找到值得我们倾尽全力去努力的目标，让自己感到有价值，在朋友、家人面前能够感到自豪。

② 空间

有自主的空间，经常被鼓励要取得主动权，被周围人期待成为创业家和革新者。

③ 尊严

对自己所犯的错误深刻反省，正确对待错误，对与自己相关的所有人保持一种敬意。

④ 服务

我们必须拥有"想要为他人服务"的意愿。所有阶层的领导都服务于员工，所有员工都服务于同事以及组织内外的顾客。

⑤ **优秀=技艺精湛**

始终将最终目标定位为"优秀=技艺精湛"。无论是彼此的态度、产品与服务，还是与客户的关系，都要以此为目标。

他的建议适用于所有人，另外我们也可以看出，他最大化地应用了"霍桑效应"。

能够应用"霍桑效应"的人，在日常工作中绝对不是泛泛之辈，一定是比他人优秀出众的人，也就是卓越的人才。

## 用"霍桑效应"突破自身限制？

日常生活中，我们多多少少都能感受到"霍桑效应"。比如被表扬了，人们就干劲大增。

问题是如何持续应用"霍桑效应"并发挥到极致。

如果说"人们限制着自己的工作量"，那么彼得斯的建议就告诉了我们如何"解除自身的限制"。它的精髓主要有以下五点。

① **赋予所有的行为好的意义**

一旦受到关注，员工思考的事情就会变得与平时完全不同。为必要的工作赋予好的意义，它就会加深你对工作的热情。因此，如何定义你的工作，这一点很重要。

② **时刻设想更好的自己**

以"更优秀的自己"为目标。将"变得更优秀"作为最终目标，就会发挥出与"霍桑效应"相同的效果。同时，能够与关注你、期待你的人相遇这点也变得非常重要。

### ③ 灵活应用"霍桑效应"于其他人

对别人使用"霍桑效应",会使他们积极地拿出自主性和热情,也会促使你们一起走向成功。实验表明,如果测评者与员工保持良好的人际关系,组织的工作效率就会大大提高。

### ④ 充分利用清单

如果告诉孩子们屋子里藏有10个礼物,他们寻找礼物的积极性会大大降低,因为礼物的数量已经提前知道了。彼得斯的书虽然也向大家揭示了163个成功的细节,但是这个清单是为了防止我们陷入"这个程度就很好"的低端目标中,促使我们提高目标,有效地利用目标。

### ⑤ 创造与他人、与信息相遇的机会

关注并尊敬那些给你提供创意的人。设法与优秀的人才、与其他领域的能人相遇。如果双方能够一起发挥"霍桑效应",那么相互的热情和执行力都会得到进一步的提高。

偶尔被他人称赞、被他人关注,那一刻"霍桑效应"就会发生作用。而让"霍桑效应"持续地发挥作用就是彼得斯工作技巧的精髓所在。

## 设定不同的目标,成果也会大不相同

彼得斯在书中介绍了马丁·路德·金说过的一段话:

> 倘若你的使命是扫大街,你就像米开朗基罗画画那样去扫;像贝多芬作曲那样去扫;像莎士比亚作诗那样去扫。你要将大街扫得好到天上地下的众使者都要停下来说:"看!这是个将街道扫得多么好的清道夫啊!"

我觉得这段话非常美,同时也觉得它很不可思议。因为,不论我

们听没听过这段话，扫大街的本质都不会改变。但是，它却产生了这样神奇的效果，让我们相信只要改变人的内心世界，简单的体力劳动也会创造出极高的艺术价值。

设定一个让你热情高涨的目标，激情四射地朝着目标前进，你会发现，同样的工作也会做出乐趣，那些用漠不关心的态度工作的人会被你甩得越来越远。

## 理论和分析，挡不住激情和积极性

彼得斯在冷静运用数字分析各种弊端的同时，也认为软实力——"人的力量"被轻视了。

如果能够同时强化"人的力量"和"执行力"，那么普通人也会做出非凡的成果，这便是彼得斯认为的"优秀的秘密"。

彼得斯说，不要将目标放在较高的地方，要将目标放在最高的地方！重视"人的力量"与"执行力"的人，会自然而然地使自己和身边的人都获得成功。

另外，技术革新相比理论更能贴近充满热情的人群。

彼得斯曾用热情打破壁垒，正是因为有这样的经历，他才能提出宝贵的建议。

---

**彼得斯**

1942年出生，斯坦福大学管理学硕士和博士。曾为海军工作，曾担任五角大楼以及白宫的顾问。1974年到1981年就职于麦肯锡咨询公司。

# 第6章

## 战胜对手的
## 竞争战略

# 16 兰彻斯特战略

## 弗雷德里克·兰彻斯特"兰彻斯特法则":
## 用数学模型来以弱胜强

丰臣秀吉为什么率30万兵力进军小田原?

## 英国工程师建立了战术数理模型

有时，会在我们意想不到的地方，应用着毫不相干领域的知识和发明。

著名的经营战略"兰彻斯特法则"就是从军事研究中衍生出来的。

工程师弗雷德里克·兰彻斯特卖掉了汽车制造销售产业，开始空气动力学的研究，1914年创立"兰彻斯特法则"。

这一法则建立在分析第二次世界大战中联合国的军事作战和攻击效果的基础上，并在军事上得到应用。

100年前建立的这一法则，当时主要应用在军事分析方面，现在它还被灵活地应用于市场营销及管理战略中。

兰彻斯特本人可能也没有想到，他提出的法则在未来会得到如此广泛的应用。

## 用数学模型演绎弱者战略和强者战略

兰彻斯特的法则主要有两个。

### 兰彻斯特第一法则：一对一法则

像古代战争那样一对一厮杀，当30人对战20人时，30人的一方会剩下10人，20人那方会全军覆没。

### 兰彻斯特第二法则：集中效果法则

不再是一对一的作战方式，而是集团对战集团。假如一支10人队伍与一支 5 人队伍同时拿着性能一样的枪，双方的目标都是对方，并同时开枪，10 人队伍会发出 10 发子弹，而 5 人队伍会发出 5 发子弹。

这样，10 人队伍会受到对方 5 发子弹的袭击，同样，5 人队伍会受到 10 发子弹的袭击。

- 10 人受到 5 发子弹的袭击，命中率为 50%
- 5 人受到 10 发子弹的袭击，命中率为 200%

双方队伍互相对峙的战场中，当双方兵力相差两倍的时候，战斗力实际上相差了四倍之多；兵力相差三倍的时候，战斗力甚至会相差九倍。

两个法则告诉我们，兵力弱的时候，应该用"一对一法则"，兵力强的时候应该用"集中效果法则"，这样安排对自身更有利。

大型企业如果模仿小型企业，开发销售特色商品，往往都能获得比小型企业多好几倍的盈利。

大企业的"尾随战略"之所以能成功，是因为它们花在广告宣传上的费用是小企业的数倍，它们的销售代理也是小企业的好几倍。在这种集团对战中，大企业的战斗力明显高于小企业。

也就是说，集团对战时，占领市场的一方会具有压倒性的优势。

同一行业中的大企业和小企业的销售员同时递出名片时，人们会对两个公司的信誉作比较。大企业会具有明显的优势。因此，小企业的销售员为了强化自身与客户的关系，就应该跳出第二法则，应用第一法则"一对一法则"。

## 区分竞争目标和攻击目标

兰彻斯特法则告诉我们，数量多的一方应该选择"集团对战"。相反，

## 兰彻斯特法则

兰彻斯特第二法则（集团效果法则）

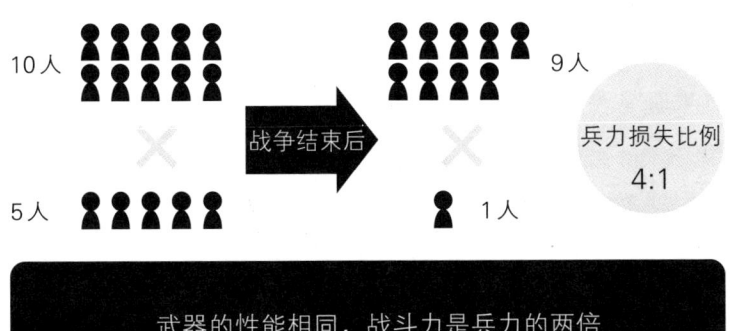

武器的性能相同，战斗力是兵力的两倍

兵力弱的选择　　　　兵力强的选择

**弱者的战斗方式**
集团对集团的方式对少数一方特别不利，应该应用"一对一法则"提高个人战斗力。

**强者的战斗方式**
数量多的一方在集团对战中拥有压倒性的优势，可以用集团战击败数量少的对方。

规模大的企业会拥有很强的综合能力。而数量不占优势的一方，就应该强化销售者与顾客之间的个人关系。

数量少的一方就应该选择"一对一战略"。

综上所述，在商务社会中，我们夹在比自己优秀和比自己弱的两者之间，兰彻斯特法则便会告诉我们该如何选择。

> 将兰彻斯特法则用通俗的语言表达，就是"扩大市场占有率的法则，即欺负弱者的法则"，也就是说要始终集中力量攻击弱者。这就是兰彻斯特法则的结论。

日本研究者田冈在这一结论的基础上提出了两大建议。

第一，将比自己实力强的企业定为"竞争目标"，但是攻击对象要定为比自己实力弱的企业。也就是说，要明确区别"竞争目标"与"攻击目标"。

对于市场所需的"创意"，例如商品指南和广告邮件等，要模仿比自己实力强的企业，借鉴优秀企业的创意会令消费者感到满意。

在创意部分，有必要与优秀企业保持一致。

第二，在市场中相当重要的地区实行促销计划，应该时刻打击"攻击目标"（比自己实力弱的企业）。

对于地区战略，兰彻斯特法则明确告诉我们欺负弱者是最有效果的。在创意上占了优势，一定会赢得顾客的青睐。

但是，田冈还指出，当特定领域内的顶尖企业准备进军其他行业时，如果经营者产生不正常的自尊心和嫉妒感，就会冲动地与优秀企业进行"一对一"的战争，而结果多半都是失败。

田冈认为，日本有太多的精神万能论者，这是日军在太平洋战争中战败的原因之一。因为他们忽略了兵力与战略之间的关系。

# 第一主义

田冈指出，在管理中应用兰彻斯特法则的时候，绝对有利的条件会使你成为第一。以下三点中的每一点我们都应该作为目标去追求。

### ① 选择"第一"的地理位置

即使在特定经济圈的特定城市中，也一定要拥有第一的地理位置。这样，公司才会有最具优势的场所。相反，如果连一个好的地理位置都没有的话，很难战胜比自己优秀的企业。

### ② 获得"第一"的顾客

能够伴随顾客一起成长，对于企业来说是最大的收获。一群信赖你的顾客会成为你战胜对手的最大筹码。

### ③ 制造"第一"的商品

在特定领域中制造出最优秀的商品。如果甘居其他公司之下，那么你的企业永远不会有翻身的可能。

创造"第一"，源自于兰彻斯特的"集中效果"法则。在特定的部分超越优秀企业，从而增加销售额。

相反，优秀企业因为销售员和销售店铺较多，能够持续制造"第一"，商品因此也会持续获得胜利。

## 丰臣秀吉和拿破仑的共同点

在日本战国时代统一天下的丰臣秀吉，在法国大革命时代席卷整个欧洲的皇帝拿破仑，他们拥有着相通之处，那就是"在战场上为追求优势的地理位置而战"。

田冈在著作中，对于丰田秀吉的战略做出了如下分析：

> 他坚守一个铁则：哪怕敌方比自己只多一名士兵，都不会出战……在小田原与北条的战争中，秀吉投入了30万兵力，北

条一方的兵力仅仅为 4 万人，结果这场战争在几天内就结束了。

差一点征服整个欧洲大陆的拿破仑也秉持同样的原则。

他在远征意大利时，只要发现自己军队位于不利的阵地，就绝对不会开战。

他会一直移动自己的队伍，直到找到比敌军兵力更强的同盟为止。法军在局部战争中因选择优势位置而取得连胜，甚至最后席卷整个欧洲。

最古老的兵法《孙子兵法》中也提到过："十则围之，五则攻之，倍则战之，敌则能分之，少则能守之，不若则能避之。"意为：有十倍于敌人的兵力就包围敌人，五倍于敌人的兵力就进攻敌人，一倍于敌人就进行战斗，兵力与敌人势均力敌就分散敌人，兵力少于敌人就进行防守，兵力比敌人的弱就避免作战。

优胜劣败，这是战争中永恒的真理。弗雷德里克·兰彻斯特将它变为公式，以田冈为首的日本研究家们则将它应用于市场经营中。

## 战略关系与个人情感分离

从古至今，战争都会令人情绪高涨，同时也会使人变得感情用事。兰彻斯特法则告诉我们，在集团与集团作战的时候，明确的战略规则可以更好地指导战争。

因此，明确区分个人情感和作战方针的应用场合，并将他们发挥到极致，这是胜利不可或缺的必要条件。

> **弗雷德里克·兰彻斯特**
> 1868 年出生，从技术专门学校毕业后，31 岁时开始独立研究汽车制造销售。几年后，结束汽车事业的他以咨询顾问的身份活跃于各界。1914 年发表了兰彻斯特法则。

# 17 竞争优势战略

## 迈克尔·波特"竞争战略":打破进攻和防守赢得竞争

在商业竞争中区分胜者与败者的要因是什么?

## "防守"与"进入"是竞争的两个基本行为

迈克尔·波特是一位战略大家,他的"竞争战略"几乎无人不知。

他还是史上最年轻的哈佛大学教授。他的著作《竞争战略》在世界许多商学院都被当作教科书学习。尽管如此,能够理解波特的理论、详细解读他的人却非常少。

波特的理论中,最著名的内容有以下两个:

- 五种竞争作用力(五力分析)
- 三个基本战略(总成本领先、差别化、专一化)

实际上,这两个内容只是《竞争战略》中的前段。该书后半部全都在对"进入壁垒"的分析和应用进行解说。

**竞争的两个基本行为:**
① 强化自身的"防御力"
② 有效地进入其他公司所在的行业

强化自身的防御力也就是对对方形成"进入壁垒",攻击其他行业就是打破"进入壁垒"。在攻守中强化对手与自身的壁垒,这才是波特理论的精髓。

## 大举进军龙虾业,却惨遭破产

波特在《竞争战略》中列举了Prelude公司的失败案例。

Prelude公司宣布其目标是成为"龙虾业的通用汽车公司",并建立了一支拥有最新技术装备的高价龙虾船队,公司内配备了维修和船坞设施,还增加了运输车队及餐饮方面的服务。他们计划用这些行动来获得成功。

该公司看似没有碰到壁垒就进入了龙虾业,实际上却受到了来自零散小捕捞者的猛烈反击。小捕捞者将价格降到最低,相比具有大额间接费用和固定成本的Prelude公司,这些零散的小捕捞者"什么都可以自己做""只要全家吃饱就不愁",他们的成本非常低,使得Prelude公司无法与他们竞争,最终导致了公司破产。

零散小捕捞者全面利用了防止大型企业参与的壁垒,将Prelude公司击退。

吉列公司在对电子手表进行市场调研的时候也遇到了同样的问题。面对既有企业的大幅度降价攻势,吉列最终放弃了这块市场。

天美时公司进入由瑞士手表主导的手表市场时,主打低价格高品质的产品,并且将销售市场定位为大型超市,而不是以销售手表为中心的珠宝店。

而瑞士手表一般都以高级品为主,所以他们无法用低价对天美时公司进行反击,而且对于天美时公司选择的"超市市场",他们也无法进行阻止。

双方攻守,胜者的机会属于能有效利用进入壁垒的一方。

## "进攻"和"防守"决定胜负

在参与壁垒中,"攻击"和"防御"这两个行动会有效地决定胜负,这其中有五个竞争要素。

**波特指出**

有效的竞争战略采取一些进攻性或防守性的活动，在五种竞争作用力面前建立起进退有据的地位。[①]

**五种竞争作用力：**
① 潜在进入者威胁
② 替代威胁
③ 买方议价能力
④ 供方议价能力
⑤ 同行业竞争者

根据波特的分析，我们可以明确这五种竞争作用力在特定场合如何进行"进攻"或"防守"。

**进攻时的五种竞争作用力：**
① 创造环境让自身更容易"进入"。
② 用"替代品"和竞争对手的商品竞争。
③ 破坏"供应商"与对手的关系。
④ 诱导"顾客"购买新商品。
⑤ 破坏"竞争对手"的优势。

**防御时的五个竞争要素：**
① 创造环境让其他企业难以"进入"。
② 以生产无法"替代"的独特商品为目标。
③ 与"供应商"建立特殊的关系。

---

[①] 迈克尔·波特著，陈小悦译：《竞争战略：分析产业和竞争者的技巧》，北京：华夏出版社，1997年1月，第29页。

④ 提高"顾客"的忠诚度。
⑤ 保持相对于"竞争对手"的优势。

由此可见，五种竞争作用力在"进攻"和"防守"中都可以得到有效利用。龙虾业受到了零散小捕捞者低成本的攻击，而天美时公司则利用低价格和拓展新市场成功进入了手表行业。

## 用五种竞争作用力思考龙虾业

那么，在龙虾业应该怎么做才能获得成功呢？

波特认为，在这种情况下，将形成"进入壁垒"的主要因素无效化是决定胜负的关键。

这里，我们以零散捕捞者低价格的"进入壁垒"为例来分析一下进攻方法。

① 创造环境让自身更容易"进入"

例：收购或开设餐饮连锁店，并从自己的公司批发食材（龙虾）。

② 用"替代品"和竞争对手的商品竞争

例：从多个地区进行采购。

③ 破坏"供应商"与对手的关系

例：收购一部分渔场，进行大规模的养殖（龙虾供应商就是大海）。

④ 诱导"顾客"购买新商品

例：如果有餐饮连锁店，对它们的品质和烹饪进行严格管理，形成品牌。

⑤ 破坏"竞争对手"的优势

例：在零散捕捞者拥有低价格优势的时候，就不要在价格方面竞争。

## 波特的五种竞争作用力

以防守行为为例

以进攻行为为例

| 以防守行为为例 | 以进攻行为为例 |
|---|---|
| 创造环境让其他企业难以"进入" | 创造环境让自身更容易"进入" |
| 以生产无法"替代"的独特商品为目标 | 用"替代品"和竞争对手的商品竞争 |
| 与"供应商"建立特殊的关系 | 破坏"供应商"与对手的关系 |
| 提高"顾客"的忠诚度 | 诱导"顾客"购买新商品 |
| 保持相对于"竞争对手"的优势 | 破坏"竞争对手"的优势 |

有效的竞争战略采取一些进攻性或防守性的活动,在五种竞争力作用面前建立起进退有据的地位。

将零散捕捞者的"进入壁垒"无效化，或者远离他们的"进入壁垒"，那么在大企业进行攻击的时候，他们便不会再拥有控制局面的主导权了。理解了波特的理论，我们就会很容易地走上成功之路。

## 波特的三个基本战略

下面我们来看一下波特理论中著名的"三个基本战略"。

波特在著作中写道："在与五种竞争作用力抗争时，有三种提供成功机会的基本战略方法，可能使公司成为同行中的佼佼者。"[1]

> **波特的三个基本战略**
> ① 总成本领先战略
> ② 差别化战略
> ③ 专一化战略

波特对"战略"的定义，实际上就是接近"应达到的状况"即"目标"的手段。"三个基本战略"换句话说，就是"三个理想的目标"（关于这点存在很多误解）。

以下为"五种竞争作用力"与"三个基本战略"的组合示例。

**例：创造环境让自身更容易"进入"**

① 成本领先？ ② 以差别化为目标？ ③ 以专一化为目标？

**例：用"替代品"和竞争对手的商品竞争**

① 成本领先？ ② 以差别化为目标？ ③ 以专一化为目标？

五种竞争作用力分别对应三个基本战略（目标）中的哪一个，这

---

[1] 迈克尔·波特著，陈小悦译：《竞争战略：分析产业和竞争者的技巧》，北京：华夏出版社，1997年1月，第33页。

## 波特的三个基本战略

> 1. 成本领先　2. 差别化　3. 专一化

*本书将三个基本战略解释为"三个目标"。要实现这三个基本战略必须在别处寻找手段。

（例）龙虾业 Prelude 公司

**防御**

**1 成本领先**

虽然大规模进入龙虾业，但是成本占优势的零散捕捞者以成本领先为目标，最终击退了 Prelude 公司。

（例）天美时手表公司

**攻击**

**2 差别化**

在瑞士手表占优势的行业，天美时公司以价格差距与他们进行区分，成功打破了进入壁垒。

> 将形成进入壁垒的主因无效化，或者远离壁垒，这是决定胜负的关键。

与强化或击破进入壁垒紧密相连。

因为波特在书中提到了"三个基本战略",所以强化五种竞争作用力的方法实际上还有这"三个基本战略"。他在著作中也列举了实现这三个目标的手段。

### ① 实现成本领先的手段

追求高效率的生产设备,通过积累操作人员的经验来削减成本,对成本经费进行彻底管理,在原材料采购、产品设计、分散成本方面形成专业的流水线。

### ② 实现差别化的手段

产品设计、品牌效应、技术、产品特长、顾客服务、增加经销商、提高耐用年数等等。

### ③ 实现专业化的手段

特定化顾客、产品种类、区域市场和成本(专业化可以实现特定的产品和客户层,还有特定的销售区域)。

"五种竞争作用力"是强化或攻破进入壁垒的重点,各个竞争作用力都是改善"三个目标"的基本。

## 关于手段的考察必不可缺

在商务活动中,"进攻"和"防守"是永恒的话题。

"将形成进入壁垒的主要原因无效化,或远离进入壁垒"是一句至理名言。如今,网上购物、咖啡馆和饮食店等各种体验型商业盛行,可以说也是实践这句名言的实例。

最近,许多企业在看似已经饱和的行业费尽心思。例如,在24小时营业的汽车租赁店开设卡拉OK屋,这样做有效地降低了管理人员的成本，并在员工休息的时间创造了利益。

优衣库在时尚界成功地引入了制造型零售业之后，在全国主要的商业网点和车站设立店铺，并开发各种特殊商品、进行大量广告宣传，从而迅速形成品牌。

而后，优衣库为了提高进入壁垒，开展SPA模式，在全国设立服饰连锁店。

**迈克尔·波特**

1947年出生，获得哈佛商学院管理学硕士及博士学位。1982年成为史上最年轻的哈佛大学教授，著有《竞争优势》等书，是竞争战略的权威。

# 18 创造市场战略

## 钱·金和勒妮·莫博涅"蓝海战略":通过差别化和低成本,打开新市场

为什么在夕阳产业中出现了世界著名的太阳马戏团?

## 太阳马戏团：在夕阳产业中成为销售额第一

1984年，曾是街头艺人的赖利伯在加拿大创立了世界著名的太阳马戏团。

林林兄弟与巴纳姆贝利马戏团用一百多年时间才取得称霸马戏界的销售额，太阳马戏团却用了不到20年。

《蓝海战略》一书在开头介绍了太阳马戏团的事迹，因为他们在夕阳产业中成功地创造了新的奇迹。

> **传统马戏界的问题：**
> ·名演员出场费高涨。
> ·受其他娱乐项目的影响（游戏等）。
> ·来自动物保护组织的反对。

在传统马戏团界，有一部分著名的表演者能够有效地吸引观众，所以他们的出场费非常高。而近些年来，面向孩子的娱乐项目越来越多，吸引了很多原本属于马戏团的观众。此外，还有来自动物保护组织对马戏团的抗议。

然而，太阳马戏团克服了这些不利因素并获得了成功，并且它并没有抢夺其他马戏团的观众，也没向业界的大企业挑起任何战争。

太阳马戏团将观众定位为大人和企业这些全新的对象，票价也与戏剧票价同等水平，是以往马戏团票价的数倍。太阳马戏团在不与大企业竞争的情况下实现了高价格、高利益。

## 不与竞争者竞争

> 随着企业间的对抗加剧，总供给超过需求，血腥的竞争开始了，蓝海即将变红。[①]

身处红海的马戏团，他们的市场战略是雇佣明星演员，提供动物表演，将顾客定位为孩子，与大企业竞争。

然而，这些高成本的投入却无法转化为收益。因为在有限的市场中，这样的企业并不拥有不同于其他企业的独特魅力。

所以，在红海中竞争是无法获得丰厚利益的。

企业重视红海竞争是受到传统战略理论的影响。

"有限的土地和打败敌人以求取胜的需要"，战争的限制性因素被扭曲地带进了商业社会。

而在真实的商海中，有许多成功开拓新市场的事例。瞄准蓝海的新企业相比红海中的新企业，会获得更多的利益。

## 用差异化和低成本扩大市场

近年来，有许多优秀的技术革新论，都对发现新市场的有关概念进行过介绍。

提出蓝海战略的W.钱·金和勒妮·莫博涅是法国英士国际商学院（INSEAD）的教授，两人还一起被评为2013年"Thinkers 50"第二名。他们对实际引入蓝海战略的企业进行了考察分析。

值得注意的是，他们多次强调应该同时实现"差异化"与"低成

---

[①] W.钱·金、勒妮·莫博涅著，吉宓译：《蓝海战略：超越产业竞争，开创全新市场》，北京：商务印书馆，2005年5月第1版，第209页。

本化"。因为，如果瞄准新市场的时候单单注重"差异化"而没有成本上的优势，新市场就会被后进入的企业轻而易举地夺走。

> 只有当企业把创新与效用、价格、成本整合一体时，才有价值创新。如果创新不能如此根植于价值之中，那么技术创新者和市场先驱者往往会落到为他人做嫁衣的下场。[①]

协调技术创新与价格、成本之间的关系，增加对消费者的吸引力，这一过程被称为"价值创新"，它也是蓝海战略的核心论点。

另外，虽然具有新功能和便利性，但成本高也难以让市场接受。这样的商品不会大规模吸引消费者，即使它在技术上进行了创新，也无法在新市场中存活。

蓝海战略在重视技术创新的同时，还注重市场化。新市场的"容量"以及它的魅力都是蓝海战略讨论的重点。

## 重新建构市场边界的六个基本法则

蓝海战略主张在开创新市场的时候，要重视"如何从纷繁复杂的可能性中找出商业上有信服力的蓝海机会"，并介绍了"六种重新建构市场边界的基本法则"。

### ① 跨越他择产业

美国西南航空公司，将视线集中在飞行的他择市场——驾车旅行商，以汽车旅行的价格提供了航空旅行的速度，开创了短途航空旅行的蓝海。同样，财捷集团开发了有趣而简单易用的财务管理软件QUICKEN，它使人们能够更加便利地记账，因此成为畅销商品。

---

① W. 钱·金、勒妮·莫博涅著，吉宓译：《蓝海战略：超越产业竞争，开创全新市场》，北京：商务印书馆，2005 年 5 月第 1 版，第 15 页。

### ② 跨越战略集团

"曲线美"健身俱乐部与传统健身俱乐部不同，它融合了家庭健身计划，开拓了一个新市场。传统俱乐部的魅力在于"既能锻炼又能社交""集体健身……更鼓舞人心"，"曲线美"健身俱乐部的魅力在于"节省时间，减少花费，保守个人隐私"。

### ③ 跨越买方链

购买者和使用者对于产品和服务的价值定义往往是不同的。丹麦诺和诺德制药公司是一家胰岛素生产商，将产品使用者——糖尿病患者作为重点，开发诺和笔，即形状像一支自来水笔的胰岛素注射器，成功地统治了市场（欧洲60%，日本80%）。

### ④ 跨越互补性产品和服务项目

通过增加某项功能使产品的价值倍增。飞利浦发现英国人在喝茶的时候，注重的不是茶壶，而是壶里煮的水（自来水里的水碱很多）。于是，他们创制了一款在壶嘴处带过滤功能的茶壶，并大获成功。

### ⑤ 跨越针对卖方的功能与情感导向

瑞士斯沃琪手表令以功能为驱动的经济型手表业改头换面，发出以情感为导向的时尚宣言。英国直线保险公司认为"不一定需要传统上代理商所提供的亲切的、感性的心理舒适感"，注重如何让客户快速便利地签合同，它们把基于人际关系的情感导向的业务转换成高性能、低成本的功能型业务，开创了蓝海。

### ⑥ 跨越时间

根据对潮流的分析，看清发展趋势，并利用它开发新的市场。苹果公司根据免费音乐下载预见数码音乐的发展流行，推出iTunes，将目光聚焦在对高速数据通信的需求上，从而开创了云技术这样高分享、

## 蓝海战略的构造

"蓝海"市场原本不存在。它是将新的消费者集合起来形成的。

**以往的马戏团**
- 明星演员
- 面向孩子
- 低价格
- 动物

**太阳马戏团**
- 形象艺术
- 面向成人
- 高价格
- 有故事情节

其他消费者 → ← 其他消费者
↑ 其他消费者

### 六种构建市场边界的基本法则

**他择产业**
与汽车旅行价格相同的机票

**战略集团**
用不同价格吸引不同顾客

**买方链**
提高使用者的便利性

**互补性产品**
通过增加某种项目提高产品价值

**功能和情感**
斯沃琪以感性为导向进入手表界

**时间**
优先发展社会需求

高收益的新市场。

这六种基本原则的相同之处在于，在熟悉的行业中寻找新的市场，找出与其他企业不同的特点。

有时，在同一个产业内需要采用不同的战略，这也是蓝海战略的技巧。

### 挖掘最深处的金矿

即使你第一个发现了新的市场，很快就会有企业追随你的脚步进来。

蓝海战略指出，应该同时拥有"低成本"和"差异化"。企业若要保证好不容易找到的新市场不被他人夺走，必须能够量产并降低成本。

而且，蓝海战略建议，要瞄准"扩大市场相连的价格区间"。也就是说，在新发现的市场中，要将价格降低到能够吸引尽量多的消费者，这样收益率和销售数量才会得到有效提升。

根据蓝海战略提示的重点，我们可以知道：在高性能、高技术的市场中，如果只销售价格昂贵的高端产品，市场很快就会被其他企业瓜分。日本企业的失败正可以说明这点。

所以，一旦发现新市场，就一定要阻止其他企业用削减成本和量产的手段来瓜分市场。要找到合适的价格区间，促使销量最大化。

> **W. 钱·金、勒妮·莫博涅**
>
> 钱·金与勒妮·莫博涅都是法国英士国际商学院（INSEAD）的教授。两人共同创作了《蓝海战略》一书，并在2013年获选"Thinkers 50"第二名。

第 7 章

解决问题的
框架战略

# 19 问题解决战略

## 麦肯锡"7S"和"PMS":快速找到问题点的思考框架

风靡世界的问题解决框架是什么样的?

## 从财务服务起家的麦肯锡

麦肯锡公司的创始者詹姆斯·麦肯锡1889年出生于美国密苏里州。1912年获得教育学学士学位之后,他还在阿肯色大学和芝加哥大学就学,之后在圣路易斯大学学习簿记。

第一次世界大战期间,詹姆斯·麦肯锡被召集到后勤部任少尉,从事后勤补给工作。

退伍后,詹姆斯取得会计硕士学位,并在会计师事务所就职了一段时间。1925年他创立自己的公司,曾提出过有关根据会计和财务数据进行决策的主张。

"人们认为会计只记录过去的工作,而麦肯锡将它变成了改变未来的管理工具。"麦肯锡公司在当时提供"财务、预算管理服务"。

## 20世纪70年代的转折:成为战略咨询公司

在麦肯锡创立公司之后,又经历了两次转折。

### ① 会计到组织咨询的转折

麦肯锡的后任马文·鲍尔曾在法律事务所工作,主要处理因危机而倒闭的企业。他发现,那些企业不是因为CEO的无能而倒闭,而是因为CEO掌握的情报不充足,所以才导致企业倒闭。

组织内上下关系僵硬,部下就不会向上司报告实情,CEO也会因此被孤立。而CEO要做出正确的经营判断,最重要的信息都应该来源于第一线。

麦肯锡公司提出"由会计师来给企业做管理诊断和策划",摇身变成了为CEO提供经营意见的咨询公司。在鲍尔经营的时代,麦肯锡的员工不再是会计师,而是变成了"管理咨询师"。

② 组织到战略咨询的转折

第二次转变是在20世纪70年代,在弗雷德·格卢克领导下,为了满足企业的战略要求,麦肯锡公司从全世界的分公司中挑选了30名员工,讨论"如何寻找战略"。在这场为期两天的讨论中,有一个人表现很突出,他是1972年入职的一位日本年轻人。

格卢克要求每名参加者对讨论结果进行感想总结,伦敦分公司的一位主管这样评价道:"基督教徒0分,犹太教徒0分,大前研一100分。"

大前研一后来成为麦肯锡日本分公司的总经理,并担任过亚太地区的董事长。在格卢克带领麦肯锡向战略咨询转变的过程中,大前研一发挥了巨大的作用,为公司的战略研究做出了非凡的贡献。

写出著名的《追求卓越》一书的彼得斯和沃特曼,在1977年到1978年策划并实施了一些企业调研项目,在这一过程中设计了著名的麦肯锡"7S"模型。

**麦肯锡7S模型**

- 结构(Structure)
- 战略(Strategy)
- 技能(Skills)
- 员工(Staff)
- 风格(Style)
- 制度(Systems)
- 共同的价值观(Shared Values)

## 麦肯锡7S模型

**70年代管理者的幻想**

> 只要改变2S（战略、结构）就会提升业绩

**增加新的要素**

> 发现隐藏的5S
> （共同的价值观、制度、风格、员工、技能）

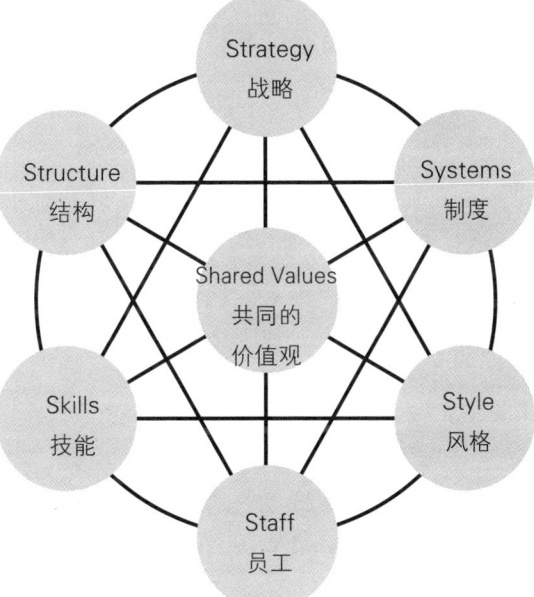

企业业绩可以通过改变战略和组织结构而得到改善,当时这样的观念深入人心。彼得斯提出的"优秀企业实际上是由价值观所支配"这个理念,虽然一开始让世界感到震惊,但仍然得到了认同。

《追求卓越》一书在全球累计销售600万部之多,让全世界的管理层注意到企业的软文化有多么重要。

## 决定产品、市场战略的"PMS"

根据7S模型,战略框架是如何产生的?

接下来,我们将根据大前研一编著的《麦肯锡现代管理战略》一书,来解说麦肯锡日本分公司的成立过程,以及在全世界广泛使用的产品市场战略(Product Market Strategy,PMS)的概况。

### ① 从市场分析中提取成功的关键(KFS)

行业和产品成功的要素有哪些?举例如下。

- 1995年时候的手机,KFS就是扩大使用手机通话的人群。
- 咖啡等在原料上要有保证。
- 百货商场的采购与布局。
- 造纸业对木材纤维的利用。

### ② 了解与KFS之间的差距

要清楚自己的公司与其他成功企业之间的差距。如果差距很大,就要选择利基战略(选择其他企业没有进入的市场)。如果你的公司本身就是大型企业,已经拥有KFS,就要采用能够击溃小企业利基战略的手段(比如填补市场空白)。

### ③ 制定实施计划

从分析结果中选择适当的战略,并制定计划,分段实施,对结果

# 产品市场战略（PMS）
# (Product Market Strategy)

**事例①** 汽车行业的PMS

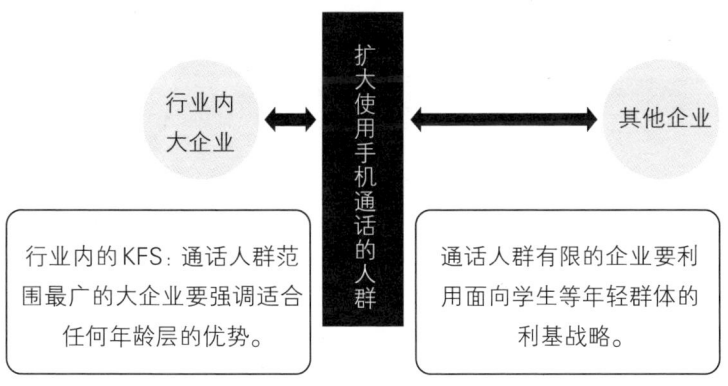

**事例②** 1995年时候的手机行业的PMS

进行修正。

下面我们以棒球选手为例，来解释产品市场战略（PMS）。在棒球界，击球力的高低是衡量选手的标准（KFS）。击球力低的选手，就应该瞄准别的目标，例如加强锻炼防守能力或跑步速度等。这就是所谓的利基战略。击球力强的选手，要击溃其他选手的利基战略，就应该在防守能力等方面也加强锻炼。

PMS分析的特征是以行业内的企业取得成功的关键为轴，展开分析的。相比一般的分析，它更能捕捉到真实的市场，并进行判断。

## 如何做最强的智囊团体？

有效的思考框架可以帮助咨询师提出高质量的建议。利用思考框架，没有必要从零开始定义问题，可以根据顾客的现状快速地找到需要改善的重点。

关于麦肯锡的思考框架，下面举一个著名的例子。

> 天→雨→伞
> ①"天"＝（确认现实）看到天空中的乌云变多
> ②"雨"＝（分析现实）一会可能要下雨
> ③"伞"＝（行动和建议）应该带伞出门

这个例子告诉大家要锻炼分析现实的能力，并且要联系思考框架。构建有效的思考框架能够帮助企业更好地发展。

另外，还有一点很重要，那就是要填补"思考框架的死角"。

主导战略的弗雷德·格卢克指出，身为咨询师，应该为顾客带来很好的建议和帮助。因此他在麦肯锡公司内部进行了改善，让麦肯锡拥有、维持灵活的企业文化。

年轻的大前研一在麦肯锡分公司研讨会中获得了非常高的评价，从他的"发言内容"可以推测，麦肯锡公司的企业文化一定非常强大。

但是，思考框架内的要素固然会受到企业的重视，而框架外的要素却往往被企业忽略。为了弥补这个缺点，麦肯锡形成了不论职位、只就问题点进行讨论的企业文化。这也是麦肯锡能够强大的原因之一。

## 发现问题和有效讨论

"7S"与"PMS"是麦肯锡为世界提供的新概念。它告诉我们竞争优势是从哪些要素中产生的。

另外，有效的思考框架能够帮助企业快速找到应该改善的地方。只评价发言内容的灵活企业文化，可以让公司全员直率地说出自己的想法，这也成为麦肯锡不断从内部改变自己的原动力。

麦肯锡战略绝不仅仅适用于咨询公司。所有的企业和组织在讨论问题、改善自身状况的时候都可以用。这是一个非常有效的战略。

> **大前研一**
> 　　1943年出生，在麻省理工学院取得了博士学位。1973年进入麦肯锡，后任麦肯锡日本公司的总经理和亚细亚太平洋地区的董事长。现为BBT大学的校长。

# 20 成长概念化战略

## 波士顿咨询"经验曲线"和"PPM":概念化优秀企业的成功秘密

分析企业成长过程,从中找出在竞争中取胜的秘密。

## 为什么相比大型企业，利基企业更容易实现低成本？

波士顿咨询公司（BCG）的创始人布鲁斯·亨德森1915年出生于美国田纳西州的纳什维尔市。

他曾在弗吉尼亚大学、范德堡大学学习，取得了工程学学士学位。后来分别在一家名为利兰电气的小企业和美国屈指可数的大型电机公司西屋公司工作，这样的经历使他发现了一个惊人的现象。

利兰电气虽然是家小公司，然而它却支配着全美汽油泵马达的利基市场，取得了超越西屋公司的成功。而后转职到西屋公司的亨德森发现，西屋公司其实正处于亏损中。

那时的企业都相信，同一种产品的成本，在不同公司间都大同小异。然而，亨德森意识到事实并非如此。

那么，为什么几乎相同的产品，成本会有如此巨大的差异呢？而且相比屈指可数的大型企业，利基企业的成本更低。

从其他观点考虑的话，所有企业都拥有高收益率的产品和低收益率的产品，如果彼此将收益较低的产品卖给对方，无论哪个公司的销售利润都会上升。当时，几乎所有企业都有低收益的产品。这个发现与BCG的建立有着很大的关联。

## 20世纪60年代出现的两个新问题

美国企业一直享受着第二次世界大战以来的繁荣，到20世纪60年代，他们突然注意到竞争状态已经与以往不同。

第一，与国外生产商、国内小规模新兴企业之间的竞争。

20世纪60年代，日本生产商大举进入市场。相比利润，日本企业的战略更重视行业内分享（比如销售数量），这一点让重视利润的美国企业感到十分惊讶。同时，小规模新兴企业集中于某个行业或产品的策略，使价格比多元化的大企业要低很多。

第二，多元化的手段。

20世纪60年代以前，美国企业一直处于繁荣的市场中，很多大企业都保持着业务的多元化，同时拥有多个产品。但是，对于如何在新的竞争环境中处理滞销产品和低收益产品（包括亏损），它们没有一个明确的标准。

更进一步说，要成功使用多元化的竞争手段，提高竞争力，需要进入什么领域？如何进入？这些都存在着疑问。

BCG成功地回答了这两大问题，并成为著名的咨询公司。

## "经验曲线"与"PPM"成为BCG的代名词

针对美国大型企业的烦恼，20世纪70年代BCG提出了两个概念。

### ① 经验曲线

获得的经验越多，效率就会越高，成本也会越低。将经验次数（生产数量）和成本的关系用图像表示出来，就是经验曲线。由经验曲线可知，市场份额越高，生产数量就会越多，从而就越能体现成本的优越性。

经验曲线对定价和扩大市场份额有着重要的影响。

生产电动工具的百得公司非常清楚，降低价格能够显著提高销售量。于是根据经验曲线，在新产品初始销售阶段，就以较低的价格进行销售。

百得公司的低价格使它避免了与其他企业直接竞争，因此获得了较大的市场份额，成本也得到下降（20世纪七八十年代，日本企业就

## BCG经验曲线

BCG受到美国通用仪器公司的委托,通过调查得出了其他竞争对手的成本结构,发现随着产品数量的增加,成本会降低。

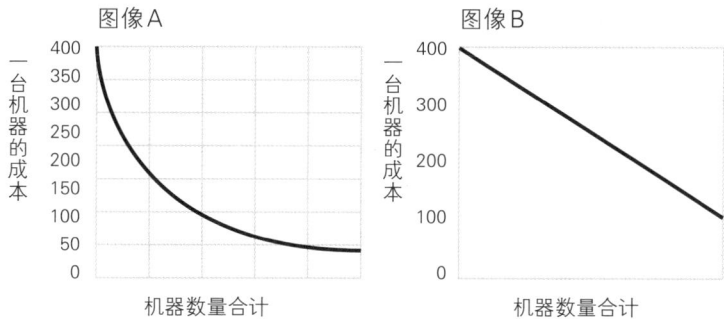

例:当产量达到2倍,成本是期初的80%。产量达到4倍,成本是2倍时的80%。

如果第一个产品的成本是1000日元,
第二个产品的成本就是800日元(-200日元),
第四个产品的成本就是640日元(-160日元)。

| 市场份额高,企业越大,就能以低价进入市场,成本就会越低,竞争力也就越强。 | 其他企业进入的难度就会增加。 | 其他企业就会寻找成本以外的差异化。 |

是用这种方式取得优势地位的）。

### ② PPM（Product Portfolio Management）

PPM是世界著名的管理方法，它将产品分为四个区域。

按照市场增长率和市场份额，产品可以分为四个类别。

> ①"摇钱树"：高市场份额，低市场增长率的产品。
> ②"丧家之犬"：低市场增长率，低市场份额的产品。
> ③"问题产品"（Question）：高市场增长率，低市场份额的产品。
> ④"明星产品"（Star）：高市场增长率，高市场份额的产品。

大企业的CEO们在对多元化产业进行二次构建的时候，会频繁使用PPM管理方法。将"丧家之犬"的部门卖掉，把资本投向高增长部门，从而重新获得竞争力。

其实，这个PPM与恋爱关系很相似。我们可以这样思考：市场增长率即在异性眼中的人气，市场份额即在对方心中所占分量，这样就更容易理解了。

> ①"摇钱树"：独占对方的心，没有情敌。
> ②"丧家之犬"：得不到对方的关心，情敌也多。
> ③"问题产品"（Question）：因情敌很多，所以得不到对方的心。
> ④"明星产品"（Star）：情敌虽然很多，但能够独占对方的心。

情敌越多，用于平时约会的费用投入就会越多。

市场份额越大，意味着在对方心中的存在感越强，而越能独占对方的心，恋爱关系就越稳定。

这样，企业为了业绩长青，就要不停地恋爱，对于人类来说这也许是一种不谨慎的作风，但是企业为了确保生存，必须与市场不断地形成新的恋爱关系。

## BCG的PPM（Product Portfolio Management）

| | 市场份额（高） | （低） |
|---|---|---|
| 高 | **Star**<br>市场份额高，市场增长率也高的产品。 | **Question**<br>市场增长率高，但市场份额低的产品。 |
| 低 | **摇钱树**<br>市场份额高，但市场增长率低的产品。 | **丧家之犬**<br>市场增长率低，市场份额也低的产品。 |

**重点**

1. "摇钱树"是市场竞争少、收益高的产品。
2. 应该将"摇钱树"所产生的资本投入到"Star""Question"中。
3. "丧家之犬"在成本上败给其他企业，增长率低，回报率也低。

同时，在寻找新的恋爱关系的过程中，有必要对没有结果的恋爱关系进行清算。

PPM在20世纪70年代成为BCG的最强盈利点。沃尔特·基希勒在《战略之王》一书中曾写道，一些咨询师把PPM称为"百万美元滑板"。当时，美标公司就是将亏本的部门全部卖掉，只留下高收益部门，用这种方法成功渡过破产危机，并在企业排名中进入前五名。

当然，"经验曲线"和"PPM"并不是完美无瑕的，也有过失败的例子。

因为"丧家之犬"和"Question"也可以转化为"摇钱树"和"Star"。那些经过简单分析便舍弃某个部门的企业，会输给不盲信PPM而努力革新的企业。

## 日本企业繁荣的秘密

《战略之王》还提到，从1966年设立日本分公司开始，BCG就为"客户打开了了解日本的窗户"。美国企业还没有注意到日本企业威胁的时候，BCG就开始分析日本企业的优势和成长的原动力了。

BCG认为，当时日本企业的特征与BCG关心的问题是一致的。1968年，BCG为美国和欧洲的客户提供了有关日本企业的信息，向欧美企业揭示了"日本企业成长的原因"。

第3章介绍的BCG著名的咨询师乔治·斯托克，他完成了多本著作，同时也是与日本关系密切的一个人物。机械制造商约翰迪尔为了能够成功进入亚洲市场，曾委托斯托克进行调查。正是在这次调查中，斯托克惊讶地发现，日本日立公司相比约翰迪尔公司在生产力和产品质量上都更优秀，并且日立公司的产品库存积压更少，生产时间更短。

详细内容在第3章的"时基竞争战略"中已经做了说明。兼顾产品的多样性和低成本是日本企业繁荣的秘密所在。斯托克的理论在20世纪80年代成为BCG最成功的案例。

可以说，BCG与日本企业和日本的关系十分密切。

## 发现竞争优势差距的三个视点

最后，我们来概括一下BCG总结的战略的重点。

① 通过与其他企业比较发现竞争力。
② 将市场的增长性与企业自身相结合。
③ 将削减成本与增长相结合。

亨德森比较了两个电机生产商的内部情况，发现即使同处一个行业，不同企业的成本差别还是非常大的。

对多个企业进行比较，可以迅速地找到不同之处，然后用优秀的头脑（如斯托克一样）加速创造价值。

最后的中心是"将削减成本与增长相结合"。包括时基竞争战略在内，BCG的理论都以"低成本"为主要论调。

这也许与它的创始者亨德森曾在采购部门积累的经验有关。

乔治·斯托克的发现表明了增加产品数量可以吸引更多消费者，同时还揭示了削减成本是日本企业繁荣的秘密。

**布鲁斯·亨德森**

BCG是布鲁斯·亨德森在1963年与合伙人共同创立的，1966年在东京设立分社。BCG以战略为主要领域，曾在世界四十多个国家设立分社。

# 21 市场营销战略

## 菲利普·科特勒"营销管理":提高销售额必须要做的事情

为什么宜家会成为世界最大的家具销售企业?

## 宜家的销售美学

时尚的北欧设计与低价格是世界最大家具零售商宜家的特征。

过去,瑞典家具因为它的高品质,在市场中无人能与它竞争,也让它的价格越来越昂贵。年轻的宜家创始人坎普拉德注意到,许多年轻的家庭没有能力购买这些昂贵的瑞典家具。

因此,坎普拉德开始思考如何才能为人们提供"高品质低价格"的家具。

为了削减成本,他采用了五种方法。

> **宜家做到高品质低价格的五种方法:**
> ① 通过大量采购大幅度降低成本;
> ② 采用组装式家具,降低运输费用;
> ③ 在展厅看家具,从仓库取货,由顾客直接开车拿走;
> ④ 由顾客自己组装家具;
> ⑤ 大量销售维持较低的手续费。

宜家的前身是坎普拉德经营的杂货店,以销售低价家具为主。后来因为与其他企业的竞争,采购受阻,于是开始自行设计制造家具。

坎普拉德机敏地发现了市场商机,以年轻家庭为目标,用较低的价格销售设计新颖的家具。在综合市场中,宜家将组装式家具、低价格、店铺销售等独特性逐渐具体化(宜家在2011年的销售额已超过了20,000亿日元,成为世界最大的家具零售企业)。

## 世界权威如何定义市场营销学？

说到市场营销学的世界权威，就不能不提著有《营销管理》[①]、提出STP理论的菲利普·科特勒教授。

菲利普教授在美国西北大学管理学院执教，在过去四十多年中提出了很多最前沿的营销学理论和概念。那么，知名度如此之高的菲利普教授是如何定义市场营销学的呢？

> 许多评论家将营销学定义为"发现顾客、维持技术"。但是，我们必须将这个定义进行扩大："所谓营销学，是找到能够让我们获利的顾客，并维系与客户之间的关系，培养顾客的一种科学和技能。"[②]

宜家的事例就可以用《科特勒论营销》一书的理论来说明。优秀的营销学都拥有共同点。科特勒教授将这些共同点概念化，并将其升华为一种新的技能。

## 营销管理的五个步骤

营销管理具体应该怎么做呢？科特勒为我们提供了五个步骤。

### ① 调查（Research）

调查市场机遇，找到缺点和问题，设定理想的产品和服务。

### ② STP

"STP"是指市场细分（Segmentation）、目标市场（Targeting）和定位（Positioning）。

---

[①] 菲利普·科特勒等著，卢泰宏、高辉译：《营销管理》，北京：中国人民大学出版社，2009年4月。中文版有多个译本，本书仅以中国人民大学出版社的版本为例。
[②] 菲利普·科特勒著，高登第译：《科特勒谈营销》，杭州：浙江人民出版社，2002年10月。

明确区分（Segment）拥有不同需求的消费者，目标化（Target）公司能够满足的需求，并且对公司进行高定位来获得高评价。

### ③ 营销组合（Marketing Mix:4P）

"4P"是指产品（Product）、价格（Price）、渠道（Place）以及促销（Promotion）。

为了让顾客理解产品定位，需要通过这四个要素与其他企业的产品进行区别，必须重视产品、价格、渠道、促销这四点。

### ④ 执行（Implementation）

营销组合设计了实行产品、价格、渠道、促销的各个阶段。但是，计划做得再好，如果不将它付诸实践就毫无意义。在实施的过程中需要各部门间建立强有力的沟通和联系。

### ⑤ 管理（Control）

营销管理的最后一个步骤是管理（Control）。关注营销计划在市场上的执行结果，评价并进行改善，以达到更好的结果。时刻确认与目标的差距，促进营销计划的有效执行。

用五个步骤的英文首字母，营销管理的过程可以表示为"R→STP→MM→I→C"。我们可以参照坎普拉德对宜家的策略，来简单理解：

① 坎普拉德注意到瑞典制家具太贵以至于年轻家庭无力购买（R）。
② 为无法购买高价家具的年轻人提供低价的北欧风格家具（STP）。
③ 向顾客说明家具的低价格、可从仓库直接拿走自行组装的特点（MM）。
④ 经历了市场上的挫折，更加明确自身的目标并强化自身的独特性（I→C）。

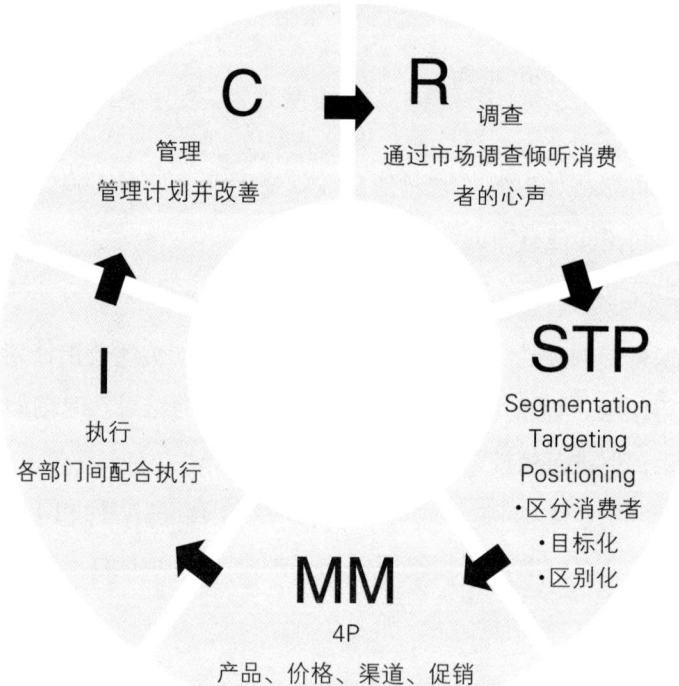

"R→STP→MM→I→C"过程
有效管理和调整市场营销的五个步骤循环

许多优秀的营销案例都自然而然地遵循着这个过程。科特勒从全世界各类企业的成功事例中提炼出这个过程，有很多营销案例就是以"问题点"和"更理想的产品"为起点，最终为顾客提供了最优质的商品和服务。

## 科特勒给通用电气高层提出的四个课题

在杰克·韦尔奇任通用电气CEO的时候，科特勒曾接受过其医疗系统的委托。通用电气希望他能提供一些方法来帮助他们"提高业绩"。科特勒将通用电气的高层聚集到一起，仅仅用一天的时间就解决了这个问题。

他将这二十多个高层分成4组，分别给他们提出了不同的课题。

> **科特勒给各个小组分配的问题：**
> - 思考如何管理新顾客；
> - 思考新的战略；
> - 思考新的定价以及设备的融资解决方案；
> - 思考新产品的特性。

上午科特勒让4个小组分别进行讨论，下午将全体人员集合，让每个小组发表讨论结果。

讨论总结出了12个创意，经过讨论最终留下了两个精华创意，并将其执行，最终使通用电气的医疗系统获得了巨大成功。

为什么通用电气的高层能够在一天内拿出如此优秀的创意？因为科特勒为他们预先设定了"课题"，正是这些课题让通用电气医疗系统的问题正确地浮出水面。

## 重要的不是怎么销售，而是"应该做些什么"

许多人都将营销学与广告和销售业务混为一谈。但是真正的营销学并不是告诉我们如何销售，而是告诉我们企业应该是一种什么状态。[①]

科特勒从世界成功案例中寻找共同点，将它们总结成营销理论，并在实践中取得了成功。上文通用电气高层的四个课题就是其中的一个例子。

也就是说，从多个成功事例中提取构造和体系，将其应用到现实中，从中找出"欠缺的是什么"，也就是告诉我们"应该做些什么"。

科特勒教授现在依然以营销者的身份活跃在营销界。他仍然不断地从最新的成功事例中提取构造，告诉我们"现在应该做什么"。

## 要获得成功我们应该做些什么？

营销的起点是发现"市场机遇"，然后通过STP和4P分析，找出能实现目标的营销计划。

科特勒的体系告诉我们，要获得成功"我们应该做些什么"。科特勒使得营销科学化和体系化，并将营销学的重要性传达给世界各地的企业管理者。这样，优秀的市场营销人员就会时刻将企业定位的重要性与组织联系在一起，创造出优秀的企业。

当部门的重要性得到了重视，就会获得更强的交涉能力，从而主导项目进展。同样，如果营销的重要性和功能也能够受到重视，那么市场部门将会获得更高的成就。

**菲利普·科特勒**

1931年出生，美国西北大学教授。拥有丰富的经验，曾为IBM、通用电气以及多个行政机构提供过咨询服务。他的著作在世界各商学院中被作为教材广泛使用。

---

[①] 菲利普·科特勒著，高登第译：《科特勒谈营销》，杭州：浙江人民出版社，2002年10月。

# 第8章

## 解决问题的
# 框架战略

# 22 应对变化的战略

## 钱德勒"战略与结构":通过变革组织来应对市场变化

有哪些能够根据环境灵活变化的组织?

## 杜邦公司在繁荣过后的多元化

为了躲避法国大革命，杜邦公司的创始人在1799年举家移民美国，并灵活运用化学知识建立了一家黑火药工厂，创建了以合成纤维著称的杜邦公司。

杜邦公司于1802年成立，到现在已经拥有两个多世纪的历史了。优良的产品品质与安全生产策略使它成为一家经久不衰的企业。

其实，杜邦公司在第一次大战期间也曾面临过危机。那时，因战争特需，工厂设备激增。四年间，员工人数从5,300人增加到85,000人。当时，杜邦就注意到了"战争结束后也许会出现问题"。

因此，杜邦公司认为，战争时期的特需结束后，有必要为新增的工厂和员工制定一个维持工作的计划。当时的总经理皮耶尔·杜邦给高层的一封信中写道：

> 我们必须保持谨慎，我认为不应让此种暂时的局势完全扭曲我们的产品线；要认真考虑如何保持回到以往的状态的机动性。[1]

不仅是杜邦公司，许多生产特定产品的特殊工厂都面临同样的问题。因一时的特需扩大规模，但当需求减少，将面临"没有业务"的情况，很有可能因此破产。

杜邦公司为避免庞大的资产损失，开始实行多元化战略，过程中

---

[1] 艾尔弗雷德·D.钱德勒著，北京天则经济研究所、北京江南天慧经济研究有限公司选译：《战略与结构：美国工商企业成长的若干篇章》，昆明：云南人民出版社，2002年10月第1版，第89页。

经历了许多考验。那么，当他们直面困难，是如何努力跨越危机的呢？

## 混乱的多元化，以及杜邦的解决方法

战争过后，拥有大量工厂和员工的杜邦为了不使设备闲置，决定拓展业务活动，生产燃料、植物油、涂料和清漆、水溶性化学物质等。

但是，因为随之而来的管理工作激增，多元化业务展开之前便产生了混乱。

> **因多元化而产生混乱的例子：**
> - 火药业务的管理人员对涂料、清漆和塑料产业的判断；
> - 产品生产线增多，为适应市场需求，调整生产和供应变得很困难；
> - 杜邦公司的统计部门从未对火药以外的市场进行过预测。

1917年，杜邦公司的涂料和清漆产业总销售额为1,265,328美元，损失为108,720美元。1978年，总销售额为295万美元，损失为321,492美元。

到1919年，面对竞争对手的空前繁荣，杜邦的损失愈加扩大。

最终，公司决定将4个管理部门的有能人士聚集到一起，设立一个委员会来寻找解决问题的办法。委员会采访了那些与杜邦公司经营项目相似的公司的经营者，试图从中找到突破口。

> **他们发现的要点：**
> - 繁荣的企业"对每个产品都细心关注，时刻注意它们的情况"；
> - 取消以职能划分部门，从产品的视角构建组织结构；
> - 取消以职能划分负责人，任命对产品部门的利益和业绩拥有强烈责任感的负责人。

简单地说,在原有组织结构内,用多元化战略扩大业务,很容易让管理者看不见个体的产品和市场。

于是,杜邦公司不再将所有产品的资本配置都集中于某一个人,开始根据不同的产品任命不同的负责人。将焦点放在"不同的产品和市场"上,也就是现在所说的"事业部制"。

可见,多元化战略需要对单个产品具有责任心的管理人,也需要能够及时满足消费者不断变化的需求的组织。

杜邦公司运用事业部制消除了多元化产生的混乱,事业部制也逐渐被美国的大型企业广泛采用。

## 解决资源和市场管理的事业部制

现在,我来为大家介绍一位美国企业史研究领域的著名人物,他就是艾尔弗雷德·钱德勒。他的著作《看得见的手》获得了美国新闻图书最高奖普利策奖。他曾在企业史研究领域做出了以下重要的论述:

> 现代工商企业已接管了协调流经现有生产和分配过程的产品流量的功能,以及为未来的生产和分配分派资金和人员的功能。由于获得了原先为市场所执行的功能,现代工商企业已成为美国经济中最强大的机构,经理人员则已成为最有影响力的经济决策集团。[①]

大型企业为了避免浪费经营资源,必须进入新的生产领域。而要有效地开展新事业,就必须运用事业部制。

钱德勒还分析了西尔斯·罗巴克公司的组织变迁,该公司在19世纪末到20世纪初大力面向农民扩大商品销售。但是第一次世界大战后,

---

① 小艾尔弗雷德·D.钱德勒著,重武译,王铁生校:《看得见的手:美国企业的管理革命》,北京:商务印书馆,1987年9月第1版,第1页。

市场景气度下跌，业绩陷入低迷，西尔斯·罗巴克公司急需削减成本、扩展新事业。1925年，西尔斯·罗巴克公司预测汽车将会普及，顾客可以自己驾车到商店购物，于是开始拓展郊区直营店。

1925年，西尔斯·罗巴克公司开设了8家店铺。截至1928年年末，新开店铺数已经达到了192家，1929年增加到324家。帮助西尔斯·罗巴克公司成功开拓了直营零售业务的罗伯特·伍德曾说了这样一句意味深长的话：

> 我们经历了所有教科书式的失败。

正如《看得见的手》中所说，商场在某种意义上说就是战场。如果最初的战略是正确的，即使战术有失败之处，企业也会走向繁荣。

的确，汽车的普及改变了零售业的环境，西尔斯不再是商业街的百货店，而是在郊外利用廉价土地建立起来的拥有停车场的大型连锁百货商店。这种转变引起了组织内的混乱。为了使企业适应业务变化，西尔斯·罗巴克公司一边处理混乱，一边继续扩展产业。

## 符合市场和时代变化的"战略与结构"

> **整理钱德勒关于"组织变革"的要点有以下三点：**
> ① 产品必须能应对市场的变化；
> ② 避免资源浪费，必须开展新事业；
> ③ 使组织拥有广泛的产品和忠实的顾客。

可以说，事业部制是为适应"时代的变化"与"市场的变化"这两个变化而产生的。所谓"使组织拥有广泛的产品和忠实的顾客"，就是要求企业在扩大产品生产线的同时，要重点关注每个产品和每个客户。

## 事业部制的优势

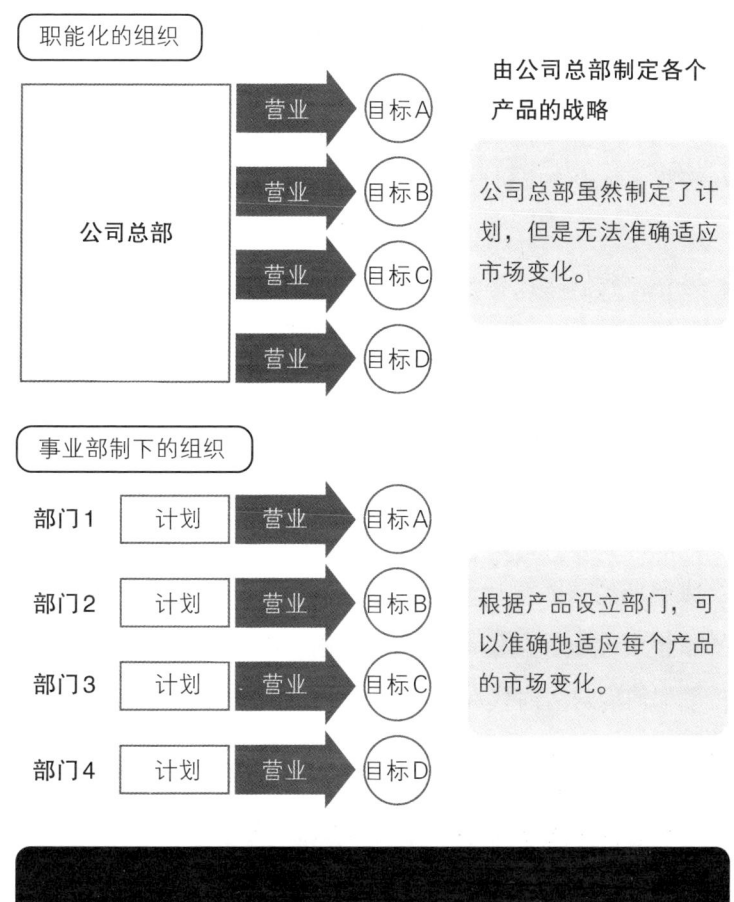

事业部制是应对产品多元化而设计的组织构造

这是企业在经历特需产品从鼎盛期迎来衰落期时，为了维持企业增长的必要战略。

其实，钱德勒关于组织变革的理论不仅适用大型企业的变迁，还适用于我们每个人的工作方式。

我们都知道，一家企业、一项工作一定会受到市场变化的影响。因此，为了不浪费自身的能力，我们必须开拓新事业，战略多元化。而在实行多元化的同时，要保证效果最大化，就需要改变我们的工作方式。

另外，我们从钱德勒的著作《战略与结构》中还可以学习到的是，要意识到拓展符合市场需求的产业是多么的重要。杜邦的成功，就在于随着时代的变迁，投资了符合市场需求的产品。

通用汽车也是一样，为配合市场需求的多样化大幅度扩大车种。还有西尔斯·罗巴克公司，为了适应灵活发展的战略，开设了郊区零售店，并大获成功。这些都是业务拓展符合市场需求的例子。

钱德勒的著作最初上市的定位是一本企业史的学术书，但是在后来的销售中完全超越了学术书的预期。因为它以大企业为例，详细地分析了如何应对"时代和市场变化"这个令企业管理者头疼的问题。

它已经成为企业管理者和经理人最喜爱的一本教科书。

### 艾尔弗雷德·钱德勒

1918年出生，母亲是杜邦公司高级管理人员的女儿。1910年在母校哈佛大学任教授，著有《战略与结构》一书，是企业史研究领域的著名学者。

# 23 应急战略

## 明茨伯格"战略历程":战略的形成不是靠计划,要看实践过程

为什么本田会在新兴行业大卖?

## 战略是在计划中形成，还是在实践中形成？

如果说战略理论的传统权威是迈克尔·波特，那么亨利·明茨伯格就是一位离经叛道的人物。身为加拿大蒙特利尔麦吉尔大学的教授，亨利·明茨伯格主张"不是所有的战略都能够预先计划"。

例如，新制定的计划实际上很有可能与企业过去五年间采取的战略完全一致。

我们需要重视的"不是计划做什么，而是实际做了什么"。

明茨伯格指出："两者肯定不会完全一致。"

> **战略的两个种类：**
> - 战略是一种计划（预先构想的战略），即向前看；
> - 战略是一种模板（已实现的战略），即参考过去的行为。

第一种战略是以考虑发展前景为前提制定的，第二种战略是通过回顾过去来制定的。

《战略历程》里提到，我们虽然在一定程度上要预先考虑组织的发展前景，但实行过程中一定要符合实际情况。

就像登山一样，虽然行程已经预先计划好了，但是也要根据山里的气候和参与者的身体状况，在途中灵活地修正计划。虽然没有计划就无法顺利进行登山活动，但是在登山过程中我们会根据天气等因素总结新的对策。这就是计划战略与实践战略的关系。

### 明茨伯格的应急战略（emergent strategy）

> 战略不可能通过清楚的计划和远见的形式确定下来，战略必须在组织的不断适应和学习过程中，一步步地逐渐形成。[1]

emergent 是"应急"的意思，也就是说这是通过实际行动来应对的战略。明茨伯格主张，不是所有的东西都是可以计划的，有的战略是从实践中得来的。

## 为了行动而思考，还是为了思考而行动？

明茨伯格曾经介绍了加拿大国家电影局（NFB）的案例。作为加拿大联邦政府的一个机关，国家电影局在短篇纪录片的制作方面评价非常高。

一次偶然的机会，他们制作了一部长篇故事片。他们委托国内电影院放映这部长篇电影，于是闯入了从未涉足过的领域。

这次偶然的机会使 NFB 拥有了制作长篇电影的经验，从此将长篇电影作为主要项目。NFB 在偶然体验中获得成功，并将成功转化为新的战略。这便是在体验中产生新战略的典型事例。

明茨伯格在《明茨伯格论管理》[2]中指出，制定战略时要双管齐下，同时要考虑计划和实践这两个因素，还要注意平衡两者之间的关系。因为无论偏向哪一方，都会让这两个因素失去意义。

战略计划是"为了行动而思考"，但是在现实世界中，"为了思考而行动"也是常有的事。

例如 NFB，就是通过以往从未经历过的长篇电影发现了新的战略。

---

[1] 亨利·明茨伯格等著，刘瑞红等译：《战略历程：纵览战略管理学派》，北京：机械工业出版社，2002 年 1 月第 1 版，第 5 页。
[2] 亨利·明茨伯格著，燕清联合组织译：《明茨伯格论管理》，北京：中国劳动社会保障出版社，2004 年 10 月。

## 10个战略学派

明茨伯格的代表作《战略历程》是一部长篇巨著。

在这本书中,明茨伯格将众多的战略论按学派分成了10大类。(1)设计学派;(2)计划学派;(3)定位学派,属于计划战略派;(4)企业家学派;(5)认知学派,认为个人是战略形成的中心要素。

学术界一般认为,明茨伯格属于(6)学习学派和(10)结构学派。他认为战略是个人和组织通过实践从学习中得出的。在稳定期只要保持企业原有的战略并进行开发就能成功,面临变革的时候,则要将革新战略与利益相连。

关于学习学派,明茨伯格介绍了本田摩托车的事例。在本田摩托车席卷美国市场之后,英国政府雇用了波士顿咨询公司,请他们分析为什么日本企业会在美国市场中戏剧性地超越英国企业。

BCG是这样总结本田成功的原因的:

> 通过资本集中和自动化技术对每一种型号的摩托车大批量生产,从而提高了生产力。因此,他们的市场战略直接指向大规模生产每一型号的摩托。[1]

然而,战略研究专家理查德·帕斯卡尔对这一说法产生了疑问,并亲自到日本对本田公司的负责人进行了采访调查。事实上,本田当初对美国大型摩托车市场充满了信心,并且在美国市场只销售大型摩托车一种产品,但是由于本田的摩托车在高速公路上表现不足、故障频出,让本田很是头疼。

反而是驻美国公司的员工用来代步的50cc小型摩托车,得到了当地人的关注。于是,本田出于对大型摩托车故障频出的无奈,开始销

---

[1] 亨利·明茨伯格等著,刘瑞红等译:《战略历程:纵览战略管理学派》,北京:机械工业出版社,2002年1月第1版,第140页。

## 明茨伯格分析的10个战略学派

| 1.设计学派 | 战略形成是一个孕育过程。 |
| --- | --- |
| 2.计划学派 | 战略形成是一个程序化过程。 |
| 3.定位学派 | 战略形成是一个分析过程。 |
| 4.企业家学派 | 战略形成是一个构筑愿景的过程。 |
| 5.认知学派 | 战略形成是一个心理过程。 |
| 6.学习学派 | 战略形成是一个自发过程。 |
| 7.权力学派 | 战略形成是一个协商过程。 |
| 8.文化学派 | 战略形成是一个集体思维过程。 |
| 9.环境学派 | 战略形成是一个适应性过程。 |
| 10.结构学派 | 战略形成是一个变革过程。 |

> 我们对战略形成的认识就如同盲人摸象，没有人具有审视整个大象的眼光，每个人都只是紧紧抓住了战略形成过程的一个局部，而对其他难于触及的部分一无所知。[1]

---

[1] 亨利·明茨伯格等著，刘瑞红等译：《战略历程：纵览战略管理学派》，北京：机械工业出版社，2002年1月第1版，第3页。

售小型摩托车，结果小型摩托车破天荒地成为热卖产品，大获成功。

到1975年，也即BCG向英国政府交出报告之后的五年间，英国摩托车出口量急剧下降，而日本向美国输出的摩托车数量却成倍增长。

## "事物出现了令人惊奇的转机"——本田管理者

深信BCG理性定位战略的英国企业，把自己锁在办公室内，自作聪明地做一些竞争分析。他们认为既然日本企业能够成功，那么我们也先进入美国市场试试看。

> 当我们还在四处奔忙希望行为"合理"时，他们却在运用常识。本田职员尽可能避免做一些"太合理"的事。他们宁可抱着学习的态度来到美国，而不是相信待在东京全力以赴的工作就可以成功。[①]

相比在办公室内闭门造车，日本企业更愿意亲自去未知的美国，在实际销售中学习，正是这样的态度使日本企业获得了成功。

## 忽视战略，就请大幅度加强行动！

明茨伯格提出的应急战略建立在计划学派的前提上，独具创新性。在实践中，有远见的公司"用大胆的目标赌未来"，知识创造型公司用"理念创新成就大跨越"。可以说在企业经营过程中，实用性大于理论性。

如今，许多欧美企业都会灵活地运用明茨伯格那样的洞察力，将隐藏的现象概念化。

战后，日本企业并没有受以往的失败影响而先入为主，而是关注世界，跳出日本去接触世界，不断学习，在实践中建立基础来复兴产业。

---

① 亨利·明茨伯格等著，刘瑞红等译，《战略历程：纵览战略管理学派》，北京：机械工业出版社，2002年1月第1版，第143页。

然而，就在泡沫经济前夕，日本在管理思想上也开始倾向于过度重视理论（比如盲目相信计划），将灵活的学习排除于企业之外，最终导致了日本企业的发展失速20年。

如果本国的企业、个人让人有一种强烈的闭塞感，那就说明我们必须再次大幅度扩大"应急时代"的行动，广泛地去接触世界，去体验世界。

最后，我们应该注意明茨伯格主张的"计划和应急同样重要"的理论。没有计划就无法开始行动，同样的，计划必须在实践中不断完善。两者相辅相成，缺一不可。

> **亨利·明茨伯格**
> 1939年出生。在麻省理工学院获得了MBA学位和博士学位，曾在麦吉尔大学任教，通过不断的实践提出了"应急战略"。

# 24 经营管理战略

## 加里·哈默尔"核心竞争力"和"为未来而竞争"：
## 快速转变战略，创造充满魅力的环境

谷歌为什么能够聚集优秀的人才？

## 经营管理成熟之后,需要哪些新东西?

现代企业的管理者会因什么感到头疼呢?

伦敦商学院的客座教授、创办了国际咨询公司的加里·哈默尔在他的著作《管理大未来》[1]中指出了现代企业正面临的问题。

> **让现代企业感到头疼的问题:**
> · 变化速度太快
> · 优势转瞬即逝
> · 创新技术取代现有技术
> · 新的竞争对手破坏现有秩序
> · 不断细分的市场

哈默尔认为,大多数企业之所以有这样的困扰,是因为管理者和领导者盲目相信传统的管理模式,无条件地接受它们的缺陷。

所以,哈默尔倡导用新的东西来取代过时的经营管理。

## 大多数CEO都没有注意到的缺点

在过去的100年间,现代管理学在各类企业中发挥着积极的作用,在有效管理员工和组织的同时,也泯灭了企业和个人的诸多可能性。

哈默尔在《管理大未来》中就曾指出,企业在利用现代管理理论

---

[1] 加里·哈默(加里·哈默尔)、比尔·布林著,陈劲译:《管理大未来》,北京:中信出版社,2008年7月第1版。

获得成功的同时是要付出代价的。

> **现代管理模式的优点和缺陷：**
> ·使人们遵守规则和标准，却无视了人们的想象力和自主性；
> ·使业务规律化，却降低了组织的适应能力；
> ·增强了消费者的购买力，却使人们都隶属于大型企业；
> ·极大地提高了企业的效率，却没有提高企业的道德。

这些缺陷就是现代管理需要权衡的。也就是说，企业在追求某一方面的效益时必须放弃另一方面的利益。但是哈默尔指出，只有超越这种看似无法避免的"权衡"，才有可能找到新的目标。

## 管理创新的三大挑战

如果现代管理未能逃脱这种"权衡"，那么21世纪的企业应该进行怎样的管理创新呢？哈默尔指出了三项挑战，并提供了三个案例。

> **在21世纪，企业将面临的三项挑战：**
> ① 不论大型或小型组织，战略调整的步伐都将大幅加速；
> ② 让创新成为员工每天的工作；
> ③ 为员工创造愿意全身心投入的工作环境，从而激发员工发掘自己的最大潜能。

### 天然食品超市

哈默尔介绍的第一个案例是在得克萨斯州奥斯汀开办的连锁天然食品超市——全食超市，这家超市致力于为顾客提供对身体有益、美味又环保的食品。全食超市的基本单位不是店铺，而是小组。（一个店铺通常有8个小组。）新入职的员工一般都被暂时分配到某个小组中，等到4周的试用期过后，由同组组员对他进行投票，如果赞成票在三分之二以下，他就无法继续在该小组中工作。同时，每个小组在考虑当地顾客需求的同时都拥有自由进货的权力。

全食超市还以小组为单位，对员工一定时间内创造的效益进行考核，对高于标准的小组予以奖励。同时，因为每个小组都可以看到其他小组的业绩数据，所以各个小组的竞争意识都非常强烈。

利用这种特殊的管理模式，全食超市成功地消融了传统管理中的对立要素。并且自1992年公司上市之后，股价在之后的15年间上涨近30倍，每一个店铺的销售额在增长率上也达到了三倍于业界平均水平的成绩。

### 戈尔公司

第二个案例是戈尔公司，它以生产防水透气材质的塑料薄膜而闻名世界。在这个企业中，几乎没有职位头衔，也没有上司或领导，戈尔的核心单位是小型的自我管理团队，他们拥有两个共同的信念"赚钱和快乐"。他们召开会议的时候，会在公司内召集员工参加，但是参不参加会议由员工自行决定，从不命令员工。

戈尔公司让每个员工每周都保证有半天的"自娱时间"，员工可以启动自己选择的项目，只要他们已经完成了自己的主要职责。其中，就有一名开发心脏植入装置的员工在"自娱时间"发明了一种保持音调时间比原用琴弦长3倍的吉他弦。现在这种吉他弦在美国已经成为一个著名的品牌。

为了聚集人才，戈尔公司尽可能将工厂等设施集中在一起，从而防止人才稀释。

在这种倡导随意发挥而不是服从的环境中，员工的创造性得到了最大限度的发挥。

**谷歌**

哈默尔介绍的第三个案例是谷歌。谷歌认为"在不连续的世界里,最重要的不是公司在某一时点的竞争优势,而是公司长期的进化优势"。[1]因此它推行能够最大限度引导创新的管理模式,成功地在搜索引擎领域占领60%以上的市场份额。

谷歌成功的关键在于它以大量小规模自治团体为中心,采用了"70-20-10"法则。

> **谷歌"70-20-10"法则**
> ① 70%的资源用于基础业务的提升。
> ② 20%的资源投入到可以明显拓展核心业务的服务。
> ③ 10%的资源用于萌芽中的创意。

为了有效应用这一法则,谷歌允许那些才华横溢的优秀员工去挑战自己感兴趣的领域。

谷歌的创始人拉里·佩奇和谢尔盖·布林就将谷歌定义为"彻底改变世界的公司",他将优秀的人才聚集在一起,让他们自由发挥才能。

这种管理方式已经初见成效,谷歌最新的产品多半都是利用那"20%"的时间创造出来的。快速创新使谷歌飞速发展,不仅在短期内消灭了新兴的竞争对手,同时也能不断保持稳步增长的优势。

这三家公司的共同点都是释放传统管理禁锢的东西,最大化发挥员工的能力,兼顾竞争优势,从而在竞争中获得压倒性优势。

兼顾自由与责任、自主与意愿、管理与创新,这便是优势的源泉。

---

[1] 加里·哈默(加里·哈默尔)、比尔·布林著,陈劲译:《管理大未来》,北京:中信出版社,2008年7月第1版,第93页。

## 21世纪的成功企业为什么能够保持优势地位？

"我只要借一下手，为什么把头也伸过来了。"这是20世纪的汽车大王亨利·福特说过的话，也是传统管理理念的极端表现。

这样的企业在高速发展的新世纪会优势尽失，被上文提到的那三家重视个人能力、积极进行管理创新的公司所取代。

哈默尔在《管理大未来》一书中对管理创新的原则进行了说明。

① 创建一个能够迅速自我调整战略的公司

- 企业高层要对现场把握透彻，随时注意危机的变化。
- 足够多的创新数量才能获得创新，因此要持续多样化的战略组合。
- 不仅要关注目前的项目，还要目光长远看到未来。

② 创造出能够让员工不断创新的公司

- 要相信即使最普通的员工也有创造力。
- 抛掉对眼前琐碎事务的过度思考。
- 让员工可以思考工作之外的事物。

③ 创造员工愿意发挥最佳表现的公司

- 用更大的自由度唤起员工的自主性。
- 加强与员工的沟通。
- 用具有魅力的目标激发员工的热情。

我们都知道，如今管理创新已经成为战略、产品与服务等方面创新的基础。企业要想在新时代继续保持优势，就要以战略创新为目标，巩固自身的优势地位。

## 创新的阶段

- 管理创新
- 战略创新
- 产品/服务创新
- 业务创新

所有创新都以不同的形式为成功贡献着力量，越上层的创新，创造的价值和竞争优势就越大。

## 过时的"传统管理"中的权衡

| 要服从标准和规则 | 业务规律 | 增强世界购买力 | 改善企业效率 |
|---|---|---|---|
| 夺取 ↓ | 夺取 ↓ | 夺取 ↓ | 争夺 ↓ |
| 巨大的创造力和自主性 | 组织的适应力 | 使人隶属于大型组织中 | 企业道德得不到提升 |

## 从核心竞争力到管理创新

1994年，加里·哈默尔因出版了《竞争大未来》[①]一书，成为管理战略领域的世界大家。

在这本书中，哈默尔创造了"核心竞争力"的概念。所谓核心竞争力，就是企业在顾客眼中的价值。加里·哈默尔理论产生的背景是：企业为了改善业绩，仅仅关注公司外部的因素，追随先进同类企业进行变革，最终难逃失败的厄运。但是，一个企业的变革在实行多年之后才会被外界所熟知，就连著名咨询公司发表的新理论也是根据数年前的信息总结出来的。这会导致有更多的企业步它们的后尘，持续着失败的恶性循环。

因此，一个企业必须看清自身的核心竞争力，利用自身的强项向未来的市场发起进攻。

2007年，《竞争大未来》出版13年后，哈默尔又出版了上文提到的《管理大未来》，在前作的基础上增加了多年的研究与实践成果。

哈默尔在《管理大未来》中提出，要从以往的外壳中跳出来，所谓的外壳指的就是传统的管理。

也就是说，企业不仅要保持已有的核心竞争力，还要针对未来的市场变化持续创造新的核心竞争力。只有革新管理模式，才能使它在21世纪的市场中发挥最大的作用。

加里·哈默尔指出，传统的管理模式剥夺了员工的创造力和激情，要重新找回创造力和激情，管理创新是最关键的部分。

> **加里·哈默尔**
> 1954年出生。伦敦商学院的客座教授、经济学者。1990年与普拉哈德教授合著的《公司的核心竞争力》是世界级畅销书。

---

[①] 加里·哈默尔（加里·哈默）、C.K.普拉哈拉德著，王振西译：《竞争大未来》，北京：昆仑出版社，1998年4月。

# 第9章

## 改变规则的
## 创新战略

# 25 新一体化战略

## 熊彼特"经济发展理论":通过新一体化来保持优越性

为什么"美味棒"是企业成长中不可或缺的东西?

## 天才经济学者的疑问：为什么会产生萧条？

谈到大萧条，许多人都会想到1929年的世界经济危机。而人类历史上的第一次国际经济危机发生在1873年的欧洲和美国。

它虽然没有大萧条那样大的破坏力，但是也让当时的奥匈帝国、法国和美国等各个国家体会到了衰退的滋味。

1873年的危机之前，普法战争刚刚结束，欧洲掀起了一股投资热潮，同时生产力也在经历革新。然而，危机使原钢和棉花的价格几乎下跌了一半，许多企业的员工和农业部门的人员都遭受了巨大的打击。美国有一百多家州立银行在危机中倒闭。

经济学家约瑟夫·熊彼特就是在1883年，出生于最先爆发经济危机的奥匈帝国（1873年维也纳的股价最先开始暴跌）。

1912年熊彼特出版了《经济发展理论》[①]一书，他认为危机绝不是偶然发生的。

他的祖国奥匈帝国因第一次世界大战产生了混乱，并在1918年解体。大萧条爆发的1929年，他才46岁。

那么，这个最先提出创新理论的经济学史上的天才学者，在19世纪目睹了怎样的社会现象呢？

---

① 约瑟夫·熊彼特著，何畏、易家祥译：《经济发展理论》，北京：商务印书馆，1990年1月。

## 需求来自生产者的诱导

熊彼特在《经济发展理论》中提到：

> ……经济体系中的创新一般不是按下面这种方式发生的，那就是，首先新的需要在消费者方面自发地产生，然后生产工具通过他们的压力转动起来。我们不否认这种联系方式。可是，一般是生产者发动经济的变化，而消费者只是在必要时受到生产者的启发；消费者好像是被教导去需要新的东西。①

熊彼特指出，生产者为了使消费者产生新的需求，必须生产出有魅力的新产品。

那么，怎样才能生产出具有魅力的新产品呢？

熊彼特认为要把所能支配的原材料和力量组合起来。他的创新理论最核心的部分就指出，为了生产具有魅力的新产品需要实现五种"生产手段的新组合"，并且将实行新组合（创新）的管理者称为"企业家"（相当于如今的"创业家"）。

## 创新的五种新组合

熊彼特提倡的五种新组合，也有助于今天的管理者寻找创新的手段。下面我们就要介绍这五种新组合②。

### ① 采用一种新产品（产品的创新）

也就是消费者还不熟悉的产品，或者产品的一种新特性。

---

① 约瑟夫·熊彼特著，何畏、易家祥译：《经济发展理论》，北京：商务印书馆，1990年1月，第73页。
② 下文介绍的内容引用自约瑟夫·熊彼特著，何畏、易家祥译：《经济发展理论》，北京：商务印书馆，1990年1月，第73-74页。

② 采用一种新的生产方法（生产方法的创新）

也就是在有关的制造部门中尚未通过经验检定的方法，这种新的方法不需要建立在科学新发现的基础之上，也可以存在于商业处理一种产品的新方式之中。

③ 开辟一个新的市场（销售和流通的创新）

也就是有关国家的某一制造部门以前不曾进入的市场，不管这个市场以前是否存在过。

④ 掠取或控制原材料，或是半制成品的一种新的供应来源（原材料和供应源的创新）

不论这个供给源是已知的还是只见过一次的，或者被认为是不可能获取的，都没有关系。

⑤ 实现任何一种工业的新的组织（组织的创新）

比如造成一种垄断地位（例如通过"托拉斯化"），或打破一种垄断地位。

熊彼特认为，旧事物要拥有创新能力，不能从旧企业中结合新的产品、服务和组织，而要让旧事物和新事物一起出现，最后实现更替。

## 创新蕴藏在日常生活中

熊彼特的五种新组合是为了说明经济现象而提出的概念。在书中，"新组合"等同于"创新"，这个理论在一百多年后的今天仍然适用。

例如，销售女性丝袜的Legs公司，拓展了不同以往的销路，用鸡蛋形状的外壳重新包装丝袜，并在超市销售，最终成为热卖产品。

还有拥有漫长历史的人气粗粮点心"美味棒"，它是利用美国扑粉机制造的日本粗粮点心。扑粉机是以玉米为原材料，粉碎后制作出点

## 熊彼特的五种"新组合"

新的需求不是消费者自然产生的,而是生产者创造了新的魅力产品而诱导消费者产生的。

- 新的产品
- 新的生产方法
- 开拓新的市场
- 获得原料或者半成品的新供应源
- 实现新的组织

↓ 组合

**创新**

(例)亨利·福特用"手工汽车"+"大量生产"的方式达到低价格和高信赖度。

(例)雷·克拉克用"麦当劳"+"特许经营"创造了世界最大的汉堡连锁店。

(例)美味棒是用"粗粮点心"+"扑粉机"做的畅销品,并将市场从点心店改为"便利店"。

心的机器。

美味棒近些年将市场从点心店转移到了便利店,再次成为热卖产品。

以上例子说明,企业家灵活利用"新组合",让消费者感受到新产品的魅力,从而实现创新。这种重复的行为与经济发展紧密相连。

热卖商品一定是与某些元素的新组合。熊彼特的这个概念对于100年后的我们也有着非常重要的启发。

## 成群的企业家

熊彼特指出,企业遵循常规(常规的企业管理)是顺流而下的行为,瞄准新组合则是逆流而上的行为。

> **阻碍企业家的困难:**
> ① 要跳出旧习惯,相比经验,洞察力更为重要;
> ② 创造新事物,开始的时候都很艰难;
> ③ 当你不同于他人时,就会受到来自社会的反对和批判。

熊彼特认为,当一个企业家成功地实现了新组合(创新),他的追随者也会一起跨越障碍,于是便出现了"成群的企业家"。

例如,20世纪90年代,在农业中引入拖拉机和联合收割机等大型机器,采用新生产方式的农民得以用60美分的成本获得一蒲式耳的产出。

创新的成功激励了其他农民也迅速地使用新的生产方式,从而产生一群创新了生产方式的农民。①

成功的企业家成群出现时,就会加大对生产方式的投资(消费),并且这种投资(消费)形成规模之后,就会出现繁荣景象。

---

① 吉川洋著,曹逸冰译:《经济困局中,谁的经济学管用》,北京:中国人民大学出版社,2012年7月。

此外，新产品的价格也会比旧产品低，消费者因此会感受到革新所带来的诸多好处，于是旧的生产者又会因此受到巨大打击。

但是，生产效率大幅度提升的同时，设备剩余和失业就会增多，于是这种变化引起了萧条的出现。熊彼特认为，企业家跨越障碍之后，会因生产方式的变革带来繁荣。然而，在社会完全接受产品生产率提高之前，低价格反而会引起经济萧条。

## 创新使社会实现阶层流动

熊彼特在《经济发展理论》中指出，只有不断"实现新组合"的人才能称为企业家，如果进行一次创业之后便进入了循环流转的例行事务，就丧失了企业家的特征。

熊彼特认为，即使企业家通过一时的创新（新组合）提高了生产力，并从新附加值中获得了利益，但是如果之后的事业一直如此一成不变，就会丧失企业家应有的性质（资质）。

历史告诉我们，创新的资质并不会自动地从企业家那里遗传给家族里的后代或者继承人。即使企业家的家族在某个时期拥有较高的社会地位，如果继承人没有继承优良的资质，那么他们终究会因其他创新者的出现而衰落。

## 创新才能繁荣

我们总结一下熊彼特提出的"创新"战略：
① 促使消费者产生新需求
② 五种新组合
③ 保持创业家的精神

为了创造新的消费者,生产者要告诉消费者产品的"新魅力",而产生新魅力的方法就是"五种新组合"。

另外,熊彼特还对"企业家"与"资本家"进行了明确的区分。他认为,不断地创新是保持企业优越性的唯一方法。

从熊彼特关于繁荣和萧条的理论中,我们可以发现一件有趣的事情。那就是,由于引入大型联合收割机而提高生产力的农民,不仅提高了自己的生产力,还使全世界的农民纷纷改变了生产方式,获得了利润最大化。这说明,进行大规模的设备投资(消费)会促进生产繁荣。

**约瑟夫·熊彼特**
1883年出生于奥匈帝国,在维也纳大学取得博士学位,曾短期担任奥地利的财务大臣,1932年成为哈佛大学教授。

# 26 范式转换战略

## 乔尔·巴克"范式":用新范式改变游戏规则

为什么80%的瑞士手表匠都失业了?

## 瑞士手表走向衰败

"62,000人中有50,000人都失业了。"也就是说80%的瑞士手表匠都失业了。

这是1979年到1981年瑞士手表匠的真实状态，也是曾经支配世界手表市场的瑞士陨落的瞬间。那么，到底是谁将瑞士赶下了手表市场的宝座呢？答案是日本。因为日本制造商利用石英晶体的规律震动发明了便宜且误差很小的石英表。

1967年，瑞士企业与日本手表制造商"精工"共同发布了一款石英表，两年后在全球市场取得了巨大的成功。

1970年精工公开了专利，世界各国的手表制造商都加入了石英表的生产，开启了石英表的全盛时代。同时，机械表陷入了崩溃的边缘（虽然，如今瑞士手表行业又通过斯沃琪等新产品和高级奢侈品得到了复兴）。

## 昔日的胜者失速的原因是什么？

首先，我们来了解一下"范式"的概念。

美国未来学家乔尔·巴克提出了"范式转换"的概念，他在《范式：发现未来的事业》[①]一书中给出了这样的定义：

> 所谓范式，就是规则和规范（未必是正式的），它能为我们（1）

---

① Joel Arthur Barker, *Paradigms: The Business of Discovering the Future*, HarperBusiness, 1993.

廓清边界范围,以及(2)告诉我们在边界范围之内怎么做才能获得成功。

比如说,我们都知道,网球运动员要遵守网球的规则来比赛。无论网球运动员的技术多么优秀,一旦换成棒球场或者足球场,他就会失去比赛优势,因为范式(规则和规范)发生了变化。

工作也是一样。在自己专业领域中拥有优秀业绩的人,一定对领域内的工作范式非常熟悉。

与此同理,精密机械手表的技术在石英晶体技术面前变得毫无还手之力。因为,它们从根本上就不相同,也无法进行竞争。

就像乔尔·巴克说的一样:"范式告诉我们正在进行的是什么比赛,怎样才能取得比赛的胜利。"

如果范式发生了改变,那么就意味着"新比赛"开始了。

在同一项工作和同一个行业中,如果"成功要素"发生了改变,那么胜者和败者也会发生巨大的变化。就像瑞士手表匠一样,即使技术并不落后但是最终却成为失业者。

## 用范式转换来解决无法解决的难题

巴克颇有意思地指出了新范式出现的原因——事业、商业以及社会原有的范式(规则和规范)中产生了自身无法解决的问题,才导致了新范式的出现。

如果已有的范式能够解决很多问题,那么大部分简单问题都会得到解决,最后留下的就是已有范式解决不了的难题。

因此,在面对旧范式无法解决的问题时,我们总是认为只要再努力一些,再投入些资金,问题就一定会得到解决。然而,我们并没有意识到,正是因为旧范式无法解决,这些问题才被留下来。也就是说,我们继续投入的做法是错误的。

那么，能够改变范式的都是什么样的人呢？用巴克的话说，他们都是"局外人"。

> **能够转换范式的四种局外人：**
> ① 刚结束实习期的新人
> ② 在其他领域经验丰富的人
> ③ 单枪匹马的人
> ④ 万事通

这四种局外人有两个共同点：以某种无知和好奇心为武器；没有被已有的范式所禁锢，能够对事物提出新观点。

因为他们"不知道不能做什么"，就会试着提出解决问题的新方法。

也可以说，正是由于他们不知道规则不可以被改变，所以能够轻而易举地切换到简单的模式中。

例如，1984年发明的汽车安全气囊新技术，使得生产成本降低到50美元。当时GM和福特等汽车制造商最低也要花费500~600美元的成本制造汽车安全气囊，而用这项新技术的成本是它们的十分之一。

令人感到惊讶的是，开发出这项新技术的，竟然是一家手榴弹装置的生产商。

这家公司用不到40万美元的研究经费研发出了成本只有原来十分之一的新气囊。

当初，该公司曾想将这项新技术介绍给GM，却吃了个闭门羹。因为GM的研发人员认为手榴弹制造商一定不会做出好的汽车气囊。但是，英国捷豹汽车和日本丰田汽车却欣然接受了这项新技术。

## 战胜变化的三种范式转换

那么，要创造未来，应该如何应用范式转换呢？对此，巴克解说了有利于企业决断的三种范式转换。

> **有利于管理决策的三种范式转换：**
> ① 不改变范式，改变顾客；
> ② 改变范式，不改变顾客；
> ③ 既改变范式，又改变顾客。

下面分别介绍利用这三种范式转换的例子。

### ① 不改变范式，改变顾客

善于印刷小型邮票的多彩科技公司（DELUXE）以印刷速度快和正确率高而闻名。但是在网络高速发展的时代，只印刷小邮票是无法维持企业生存的。

在这样的判断下，他们开始寻找要求"快速准确印刷"的顾客，于是开拓了针对银行、办公室、电脑的专用纸以及贺卡销售市场，成功地对自身的印刷强项进行了多元化发展。

### ② 改变范式，不改变顾客

我们都知道，IBM曾经支配着全球大型电脑市场，但随着电脑小型化，以及电脑软件重要性的提高，IBM逐渐失去了优势地位。于是IBM改变自身，为原有顾客提供新的解决方案。所以，IBM没有改变顾客，而是改变了自身的优势。

### ③ 既改变范式，又改变顾客

美国摩托罗拉公司原本是汽车收音机制造商。它在20世纪60年代对中心产业和顾客两方面进行了改革。当时的CEO鲍勃·加尔文将企业转变为生产半导体的公司，也改变了目标客户群体，从而获得了极大的成功（摩托罗拉的电视、收音机产业在1974年被卖给了当时的松下电器公司）。

由此看来，"范式"×"顾客"的组合可以看成是"公司优势（核心事业）"×"顾客"的变体。

在保持已有优势的同时扩大客户范围，还是为已有客户提供新的优势服务？又或者是同时改变两者？企业面临着这三种选项。

## 给未来留有余地

所谓范式转换战略，就是灵活地选择范式组合的方式。

很多时候，我们太过习惯于原有的范式，因为它通过"公司优势（核心事业）"×"顾客"的组合能够为我们带来很多利益。

但是，我们不可能回到过去，范式发生变化之后也不可能回到从前。因此，我们要对新动向具有敏锐的观察力。

对于企业来说，变化范式的组合类似于解决问题的能力。以新的做法解决过去大量积存的难题，就是灵活运用范式变换的开始。

## 用新范式获得成功

就像巴克说的那样："如果想要提高预见未来的能力，就不能坐等新趋势出现。要注意改变规则的人，因为那是大变化发生前的预兆。"

上文提到的四种局外人就能够用新的方法解决过去无法解决的问题，同时改变业界的"成功要因"（规则或规范）。

正是因为他们不知道旧的规则，才没有被束缚，所以才找到了突破口。

巴克提出的战略就是：为了能够顺利应对未来会出现的问题，要时刻将范式的灵活性最大限度地提升。

### 有利于企业做决断的"三种范式转换"

**2 改变范式,不改变顾客**
以销售大型电脑为主的IBM通过向原有客户提供"IT解决方案"成功复活

**3 既改变范式,又改变顾客**
摩托罗拉公司将核心产业转变为"半导体相关产品",对目标客户进行了重新定位

现在
"原有的范式"
"原有的顾客"

**1 不改变范式,改变顾客**
生产小型邮票的DELUXE公司将目标市场对准银行、办公室等

> 改变"公司优势(核心事业)"ד顾客"的组合,能让你成功应对时代的变化。

乔尔·巴克曾对日本企业进行了细致的分析，并向美国企业传播了日本企业成功的方法。他认为，美国企业只要能够变换范式，便可以重获优势地位。

他的范式概念后来成为美国企业寻找创新的突破口，他的著作也成为全美企业家学习的教科书。

**乔尔·巴克**

20世纪70年代在美国明尼苏达州科学博物馆担任未来学研究部部长。他以范式转换概念闻名于世。他创作的音像教材被翻译成16个国家的语言，畅销全球。

## 27 组织创新战略

## 克莱顿·克里斯坦森"创新者的窘境":向看不见的市场发起挑战

为什么越是优秀的管理者越会出现判断失误?

## 硬盘行业中反复出现的奇妙现象

> 这些顶级企业之所以在后来遭遇失败,也是出于同样的原因——它们认真听取了客户的建议,并积极投资于能够满足客户下一代需求的技术、产品和生产能力。①

大家一定会对这样的结论感到非常惊讶。这正是曾任哈佛大学商学院教授的克莱顿·克里斯坦森在其著作《创新者的窘境》中介绍过的案例。许多企业都拥有正确判断,却最终走向了失败。

硬盘是指能够保存信息、读取信息的辅助记忆装置。使用电脑的人都知道这个圆盘形的磁盘。

**硬盘在发展中经历了两种技术变革:**
① 产品体积不变,存储容量增大;
② 产品体积变小,存储容量也同时减少。

于是,在硬盘行业中便产生了一种"奇妙的现象"。第一种变化的发生是由行业既有的优秀企业利用先进的技术引领了。但是,第二种变化的产生却是由新进入的企业领导的,并且在市场上大获成功。

也就是说,本质上相同的变化,缩小产品体积更受欢迎,并且击败了原有的优秀企业。

---

① 克莱顿·克里斯坦森著,胡建桥译:《创新者的窘境》,北京:中信出版社,2010年6月第1版,第4页。

那么，为什么这两种变化会产生如此不同的结果呢？

## 倾听顾客的心声却导致失败？！

其实这两种变化拥有完全不同的思路。

增大存储容量对于已经购买了硬盘的顾客来说，是性能上的提高，增强了硬盘的性能；而缩小产品体积，对于已经购买了硬盘的顾客来说则没有优势。

而且对于不需要缩小产品体积的人来说，减少存储容量是一个明显的劣势。

对顾客需求非常敏感的管理者听取顾客的建议之后，会做出"正确"的判断，选择投资①。因为②会使硬盘在性能上输给①。

因为②无法对已有的顾客展现魅力，所以管理者想象不出来投资后的市场。可以说，正是由于企业倾听了顾客的心声，导致了他们没能投资第二种变化的技术。

然而，就是这项对已有顾客没有吸引力的技术，却对潜在顾客展现了体积小的价值，同时对行业内原有的优秀企业产生了粉碎性的破坏。

## 优秀的管理者必然会对市场做出错误判断

在14英寸硬盘的全盛时期，销售8英寸硬盘的企业并不是大型电脑制造商，而是对小型电脑市场充满信心的小企业。因为，对于小型电脑制造商来说，小比大更有价值。

多年后，随着技术进步，8英寸硬盘存储容量得以增大。当它以低廉的价格进军大型电脑市场时，所有14英寸硬盘的制造商只能撤出市场。

最终，8英寸硬盘侵蚀了14英寸硬盘的市场，成功占领了整个小型电脑市场。

①是在以往"储存容量大小"的评价标准上做出的改变。而②则是以"体积"为评价标准做出的改变。在此基础上，克里斯坦森将这两个技术变革做了如下区分：

① = 延续性技术（评价标准不变）
② = 破坏性技术（评价标准改变）

延续性技术能够在现阶段获得已有顾客的高评价，能够正确理解顾客需求的经理或管理者，看到的就是这项技术的可能性。

破坏性技术则不同。为什么必须使用新产品？已有的顾客对此无法理解。因此，管理者也就无法感受到破坏性技术的魅力所在。

总之，越是能理解既有客户的价值观，就越不会去开拓新的市场。

## 大企业最终在大市场中败给了新兴企业

虽然在存储容量上不占优势，8英寸硬盘却在新市场中展现出了不少优势，其中一项就是没有强劲的竞争对手。

大型电脑市场上到处都是已有的优秀企业，而且14英寸的大容量技术也在不断地提高，新企业很难再进入这片既有的市场。

8英寸硬盘虽然存储容量小，但是因价格低、利润少，对于已有的优秀企业来说没有多大的诱惑力。

结果，就是在这个利润率低但竞争不激烈的新市场上，8英寸硬盘的销量迅猛增长，并且相关技术也在这个过程中得到了提高，为日后8英寸硬盘向更高市场进军做好了准备。

此外，从小市场进入大市场的新兴企业，已经习惯了低利润率，所以在大市场中更倾向于价格竞争。

于是，大市场中的既有优秀企业就很容易被这些来自小市场的企业打败。

最终我们看到的是,那些曾经不被优秀企业和大客户看好的新技术无形中彻底改变了行业的力量构成。

## 打破创新者窘境需要什么战略?

优秀的企业如何才能灵活运用"破坏性技术变革"?

克里斯坦森指出,能够将"破坏性技术变革"与成功联系起来的企业都遵循了五大基本的企业管理原则。

**成功利用破坏性技术变革的五大原则**[1]

① 在消费者具有相关需求的机构内设立项目来开发和推广破坏性技术。

② 在小型机构内设立项目来开发破坏性技术,而且这些机构规模足够小,很容易满足于小机遇和小收益。

③ 为破坏性技术寻找市场的过程中会利用一些节省成本的方式来降低失败。

④ 利用主流机构的一些资源来应对破坏性变革,但是对主流机构的流程和价值观避而远之。

⑤ 在开展破坏性技术的商业化运作时发现或者说是发展了重视这种破坏性产品的属性的新市场。

破坏性技术面向的是"看不见的市场",它无法通过原有顾客的需求来获得成长。因此,要打造一个不受既有顾客影响的组织。同时,面对看不见的市场,进行持续的小挑战也是很有必要的。

---

[1] 克莱顿·克里斯坦森著,胡建桥译:《创新者的窘境》,北京:中信出版社,2010年6月第1版,第96页。

## 大企业要在公司内培养创新精神

我们来重新整理一下克里斯坦森提出的打破窘境的战略。

① 将注意力放到评价标准不同的新技术上。
② 将资本投入新市场。
③ 创造不受既有客户束缚的组织。

当三个条件都具备时，新兴企业就会动摇大企业的地位，产生破坏性技术变革。

索尼曾经的walkman（随身听）就是运用这样的战略，取得了破坏性技术变革。由此，我们也应该能够理解曾经的新兴企业为什么没能使新产品成为热卖商品的原因，因为他们只关注既有的顾客，导致了思想僵化。

在克里斯坦森的五个原则中，第①②③个原则是新兴企业拥有的特质，因为他们没有被既有的顾客所束缚。

破坏性技术变革揭示的事实是：组织经过岁月流逝也会像人一样精神衰退，因为经验和成功的评价标准总是在变化。克里斯坦森提出的战略就是为了防止组织老化。

**克莱顿·克里斯坦森**
1952年出生。曾在咨询公司就职，1992年成为哈佛商学院的教授。曾三次当选世界管理思想家"Thinkers 50"的第一位。

# 第10章

## 21世纪战略，
## 创造一个新生态系统

# 28 平台战略

## 加威尔、库苏麦诺"平台领导":让别人相互竞争,自己坐收渔利

为什么Facebook会迅速成长?

## 日益重要的新战略

亚马逊、Facebook、乐天、YouTube、雅虎购物、苹果的iTunes Store，这些都是现在非常成功的企业。他们的共同点是什么呢？

那就是都成功地为大众提供了"平台"。

"平台"原本是指铁路或汽车上下乘客和堆放待运输货物的地方。

而开头介绍的那些企业为人们提供了商品和信息，所以也被称为"平台"。

如今，大规模相亲服务公司也为人们提供了平台，让那些想要结婚的男女聚集到一起，寻找符合各自条件的对象。

最近，像Lancers公司那样的"众包"平台备受关注。它们会将不同企业的工作委托给许许多多的自由工作者，通过网络分包出去，来完成工作任务。

那么，为什么平台战略日益重要呢？

## 为什么"平台"企业迅猛成长？

我们需要注意的是，这些企业的增长速度都非常快。

亚马逊创立于1994年，2012年它在全世界的销售额已经超过6万亿日元。乐天创立于1997年，2012年它的销售额达到了4,400亿日元。Facebook于2004年创立，2012年用户人数达到10亿。

他们以常人难以想象的速度在成长，平台战略也使他们受到了前所未有的注目。

这些企业迅猛成长的原因可以用最简单的原理来解释。那就是，无论是拍卖网站还是Facebook这样的交流网站，参与的人越多，平台的魅力就越大，从而吸引更多的人加入。

同样是拍卖网站，出售商品的用户和具有购买意愿的用户越多，对卖家和买家都越有利。

- 出售商品的用户多 = 可以选择的商品多
- 具有购买意愿的用户多 = 价格提升的空间大

我们都知道，越是有名的企业，就越能吸引更多的用户。

像信用卡这样的支付服务平台也是一样，尤其是能够为海外旅行者提供便利的信用卡。用户都会选择加盟店较多的卡，因为使用的场所多，才能体现出信用卡的便利性。因此用户越多，就越能增加企业自身的魅力。

这就是"赢者通吃"（Winner takes all）的规律。

这种使用者越多、便利性越强的现象还被称为"网络外部性"。

可以说，平台发挥人喊人的效果，用户会像滚雪球一样越来越多。

## 让客户竞争，从中获取利益

那么，平台战略的目标是什么？有什么作用呢？

可以确定的是，这些企业本身都不是"主角"。亚马逊的"主角"最初是书籍，现在是各类百货，Facebook的"主角"是个人用户，乐天和YouTube也是一样。

他们当初都是为了能够让"主角"活跃而准备的舞台，自身定位也是辅助为主。但随着"观众"越来越多，他们的角色就变成了舞台的"支配者"。

> 平台的人际关系
> ·作为"主角"的参与者。
> ·作为"观众"的参与者。
> ·提供"舞台"的参加者。

在思考这三者关系的时候,有一个观点非常重要。

那就是,当能够成为主角的大明星只有一个人时,为了让他出演,舞台就会围着他转。

而当能够成为主角的演员有很多时,提供舞台的一方就会掌握主动权。也就是说,通过引入竞争,作为舞台一方的权力就会变大。

"引入竞争,扩大舞台一方的权力"是战略的关键。其中"引入竞争"主要有以下两个含义。

**① 给参与者提供资源,使他们能够成为主角,增加主角数量**

这就像偶像团体经常会培养新人,不会将人气和权力都集中于一个偶像身上。

**② 召集顾客(观众),使主角都在一个舞台上竞争**

对于舞台来说,观众越多魅力就越大,从而也会聚集更多的主角。而主角的聚集又会大幅提升舞台的魅力,观众于是又会增加。

这与"网络外部性"的作用是基本相同的。率先聚集大量顾客可以防止其他企业建立新的平台。

平台战略的最终目的是通过引入竞争,享受竞争带来的利益。

> **企业立场的改变**
> "以前":受到顾客(主角)的压力而竞争。
> "以后":让顾客(主角)展开竞争。

平台战略看似复杂，其实本质就是"创造让顾客竞争的平台"。

现实中举办相亲和联谊的招待人员就是典型的平台提供者，通过创造平台使参加者各自展现出自身的优势进行竞争。

如大型购物商场，如果它拥有聚集众多消费者的能力，即使租金较高也会吸引到很多商户，让它们在一个舞台上竞争。多个商户的加入可以防止单独一个大商户的发言权过强。可以说，竞争的引入使平台得到了利益和支配权。

通过平台产生的有效竞争能够带来一些明显的优势。

例如，消费者可以同时比较大量商品，而且很容易就能够了解到配送等方面的情况。因为在平台上，相关信息都汇集到了一起，对查找信息非常有利。

平台上的主角、观众和舞台就相当于商户、消费者和平台企业。

当然，虽然引入竞争对三者都有益处，但是也要注意资源分配的平衡。过分的不公平会使主角转移到其他舞台，甚至自己创造一个舞台。

## 英特尔曾经只是IBM的供应商

平台战略不只适用于服务和信息行业。

电脑行业中处于支配地位的英特尔，当初只是IBM的一个小供应商。因为当时电脑的规格都由IBM决定，所以只能根据它们的规格生产部件。

但是，英特尔在1991年提出了PCI（外部设备互连总线），并得到行业内100多家电脑公司的响应。于是，英特尔从一家半导体供应商变成了产业设计者。

英国帝国理工学院的副教授安娜贝拉·加威尔与美国麻省理工大学

## 平台战略的结构

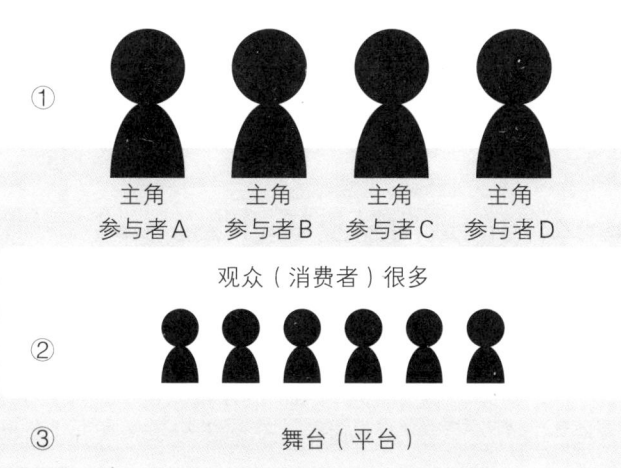

| | | |
|---|---|---|
| ① 主角 | 在舞台上尽显魅力。要培养多位明星主角,要帮助主角都登上舞台。 | |
| ② 观众 | 聚集观众(消费者),强化应对主角的优势。 | |
| ③ 企业 | 舞台上的主角越多,平台就会吸引更多的观众。 | |

的名誉教授迈克尔·A.库苏麦诺共同出版的《平台领导》[1]中讲述了英特尔提出的PCI标准最终被市场接受，而IBM却失去了在电脑市场中的支配地位。

现在，每当英特尔发售新型处理器，全球电脑生产商都会生产与新处理器兼容的电脑。英特尔的产品已经成为电脑市场的风向标，这就像引擎制造商改变了汽车制造商一样，是行业大逆转。

英特尔为了让全球各电脑制造商更容易使用自己的产品，进行了许多改良，并扩大了市场。而IBM则选择从电脑制造行业中撤离出来。

英特尔的平台战略使它从一个单纯的零件制造商成功地转变为电脑市场的支配者。

## Livesense公司的成功以及新的收益模式

较早以平台形式出现的领域是企业招聘和猎头公司，并且它们已经拥有稳定的地位。

但是，2012年出现的Livesense公司开发出了新的收益模式，在招聘平台掀起一股新浪潮。

以往，猎头公司都是收取费用来为企业刊登招聘广告，而Livesense公司则打出了"成功报酬型"的新模式，即为企业免费刊登招聘广告，成功招到人之后再收取报酬。

Livesense公司的成功报酬型模式还被引入到房屋中介网站。

其实，平台企业也要经历荣衰兴败。2011年日本国内最大的社交网站Mixi因Facebook的登场而进入了衰退期，最近它将核心收益转向广告和游戏，使得一度低迷的股价又成倍增长。

这些例子告诉我们，只有为适应社会和市场的变化而不断进化的

---

[1] 安娜贝拉·加威尔，迈克尔·库苏麦诺著：《平台领导》，广州：广东经济出版社，2007年4月。

平台才能生存下去。

## 引入竞争最终谁得利？

上文中我们提到，以英特尔的产品为中心，全世界的电脑制造商都与IBM形成了竞争关系，从而使电脑行业的竞争结构发生了变化。

日本电器制造商衰败的原因在于，它们总是追求最终产品，而没有考虑去创建能够扩大竞争的平台产品。

英特尔在开发新产品的同时，没有忘记支援其他企业的软件开发。这一做法有利于吸引更多的电脑用户，并且为扩展电脑的用途做好了准备，有利于一个新平台的展开。

由上文可知，竞争对手大量出现，获利空间就会逐渐减少。平台战略就是使其他企业（包括顾客）进行竞争，从而扩大自身利益的手段。

但是，加剧竞争从而获得利益的平台战略将内容制作的一方推到了弱势地位，尤其像音乐行业，随着网络下载的普及，歌手的数量正急剧减少，因为演唱者获得的利益在逐渐萎缩。

如今，美国已经有许多歌手不再授权自己的歌曲给网络下载平台。日本也出现了偶像团体的人气投票与CD销售量挂钩等计划。

因此，今后制造商和创造者一方在建立独立平台时，有必要采取对策保护自身利益。

### 加威尔和库苏麦诺

加威尔是英国帝国理工学院的副教授。迈克尔·A. 库苏麦诺是美国麻省理工大学的名誉教授，也是软件方面的世界权威。

# 29 逆向创新战略

## 维杰伊·戈文达拉扬"逆向创新":转变视角,进一步扩大市场份额

为什么通用电气的全球本土化战略会失败?

## "因为我们没有喝佳得乐"

佳得乐畅销70个国家,在运动饮料市场占最大份额。

20世纪60年代,佛罗里达大学的橄榄球队最先开始喝这种补充水分和电解质的饮料。1967年,在橘子碗(Orange Bowl)决赛中,佛罗里达大学获胜。据说对方球队在回答失败原因时是这样说的:"因为我们没有喝佳得乐。"

快速补充选手流失的水分和电解质,同时还能提供碳水化合物来增强运动耐力,作为世界上最早的运动饮料,佳得乐是由美国研制出来的,但是其核心技术实际上受到了一些发展中国家的启发。20世纪90年代初,非洲南部各国霍乱横行。西方国家的医生了解到,在当地有一种对治疗由霍乱引起的严重腹泻非常有效的民间偏方,这种偏方就成为运动饮料研制的契机。

> 偏方用椰子汁、胡萝卜汁、玉米汁、淘米水、角豆树或草莓籽的粉、干香蕉等配成饮料。当时的西方医生曾认为腹泻患者如果补充碳水化合物,霍乱菌就会增加,从而导致病情恶化。[①]

这就是印度传统的治疗方法。英国医学杂志刊登了这个有效的疗法,引起了佛罗里达大学医学部教授罗伯特·凯德的注意。

当时佛罗里达大学的"佛罗里达鳄鱼队"成绩不佳,球队的助教

---

[①] 维杰伊·戈文达拉扬,克里斯·特林布尔著,钱峰译:《逆向创新》,北京:中国电力出版社,2013年9月。

与凯德博士是好朋友，他向凯德博士求助，寻找提高成绩的对策。

凯德博士根据这个偏方找到了医治霍乱患者和提高球员成绩的共同方法，那就是"快速补充水分"。经过反复试验，最终成功研制出了佳得乐。

佳得乐作为世界第一的饮料，其研制过程与通常的"从发达国家向发展中国家"的革新方向相反，这就是逆向创新的先驱事例。

## 在58亿人口的巨大市场中获利

戈文达拉扬在《逆向创新》中指出，发达国家的企业如果不重视新兴国家的市场，将无法保持持续增长。因为目前世界GDP的增长量基本都是由新兴国家在支撑。

85%的世界人口，也就是说有58亿人都生活在发展中国家，其中，中国的国内生产总值（GDP）位列第一，印度排在第四位，发展中国家的GDP几乎占世界GDP总量的一半，约35万亿美元。

战略管理及创新的世界权威维杰伊·戈文达拉扬指出，即使是发达国家，在新兴国家的市场上也可能出现大失败。因为新兴国家的巨大市场中潜藏着许多特有的属性。

最显著的特征是顾客数量庞大，人均消费额却很小。有一个人花费50块，就有10个人只花费了5块。

多国企业失败的原因之一，就是将新兴国家的现在等同于发达国家的过去。他们认为，只要耐心等待，在发达国家畅销的产品总会在新兴国家获得热捧。其实，这种想法正是导致失败的元凶。

在具有很强开拓性且范围巨大的新兴国家市场中，由于社会条件不同，即使把在发达国家的畅销产品原封不动地拿来，惨败收场也是很有可能的。

## 高端心电图扫描仪为什么被闲置？

《逆向创新》一书中指出，能够很好地理解逆向创新的国家和企业，都能合理地进行资源再分配；而那些不理解逆向创新的国家和企业，则有可能走向衰落。

发展中国家与发达国家不同，虽然消费者很多，但单个消费者的消费额度不高。戈文达拉扬说："中国和印度是拥有微型消费的巨型市场"。

每个消费者的要求都不同。发达国家的热销商品仅仅配合当地市场略微降价，用这种"全球本土化"的方式在新兴国家的市场上销售，很可能就会出现滞销。

通用电气医疗集团就是一个典型的例子，它是医疗图片处理、诊断及健康信息设备的世界级制造商。

通用电气医疗利用全球本土化战略进军印度市场的时候，直接推出了面向发达国家的产品，并降到3,000美元的价格，结果却根本卖不出去。

因为他们没有意识到，印度较低的人均收入和不成熟的城市基础设施是妨碍患者受诊的基本制约条件。

## 通用电气"全球本土化"战略失败的原因

通用电气失败的理由可以总结为以下两点。

① 人均收入低

花费5~20美元做一次心电图检查，这样的费用对于大多数印度人来说过于昂贵。就算他们感到胸痛，也不愿意冒着破产的风险去受诊。另外，3,000~10,000美元的心电图扫描仪，对于印度的医生和诊所来说也太过昂贵，他们无力购买。

### ② 社会基础设施不成熟

在印度,通常的做法是上门诊疗,所以对仪器的便携性要求很高(通用电气的产品过重,不便于携带),而且印度有很多地方都没通电,电池驱动这一点也很必要。此外,印度的专业医师很紧缺,所以更需要操作简单易懂的机器。对于机器的构造方面,他们的要求则是容易修理。

因此,就算患者感到病痛可能已经危及生命,也会因高额的诊疗费而却步。对于医生来说,机器的费用也过于昂贵,不利于上门问诊,修理起来又很困难。这些都是通用电气的医疗产品在印度市场不畅销的原因。可以说,他们的失败是必然的。

## 面向发展中国家的产品,却在发达国家大卖

在了解了印度市场的"真正需求"之后,通用电气医疗停止了将产品直接销售到新市场的做法,成立了一个专门针对印度市场的新产品设计组。

他们的产品设定目标非常惊人。

> **面向印度市场的产品的惊人特点**
> ① 价格为以往产品价格的三分之一。
> ② 总重量设定为1.1~1.2公斤。
> ③ 充电一次,最少能做100次心电图扫描。
> ④ 安装绿色启动按键和红色停止按键等,使操作简易化。
> ⑤ 采用应对故障的交替型组件。

仪器的内部电子配件不再使用特殊配件,而使用常规配件;打印机也不再需要使用专用打印机,只需要能够打印汽车票的那种通用打印机,大大降低了医生的成本。

目标重量1.18公斤更适于携带，有利于降低检查费用，比如市区的患者只要90卢比（2美元），农村的患者只要45卢比（1美元），大大降低了患者的费用。

这款型号为"MAC400"的心电图扫描仪不仅在印度销售，也开始在全世界销售。令人惊讶的是，它在欧洲市场上也受到一些无法购买大型诊疗器械的门诊医生的欢迎，很快欧洲市场的销售额就占到了总销售额的一半还多。MAC系列产品的销售量已经超过了15,000台，成为全球畅销产品。

## 从惨败到成功创新

下面再为大家介绍几个成功"逆向创新"的案例。它告诉我们，面向新兴国家市场的新产品，有时在发达国家也会成为热销商品。

**逆向创新的成功例子**

·诺基亚推出超低价手机，让一部分用户只花5美元就能买到一部手机。凭借这款手机，诺基亚占领了印度60%的市场份额。

·在中国市场上，通用医疗以15,000美元的价格（原定价的15%）销售小型超声波诊断设备，用六年的时间，将销售额从400万美元提高到2.7亿美元。

·宝洁公司在发达国家的热门卫生用品品牌"Always"，在墨西哥完全卖不出去，后来他们根据当地需求开发的新产品得到大热卖，并在世界各国都取得了很好的销售成绩。

·罗技（Logitec）在中国市场推出的50美元鼠标无人问津，后根据实际需求发售了19.9美元的新产品，结果一年内的销售额就突破了1000万美元。

## 逆向创新的构成

新兴国家的人口占世界总人口的85%。
瞄准58亿人口的巨大市场！

| 全球本土化 | 逆向创新 |
|---|---|
| 将发达国家的热销商品直接销售到新兴国家。 | 在新兴国市场中以低价销售真正具有魅力的新商品，反而在发达国家也得到热卖。 |

**发达国家→新兴国家**

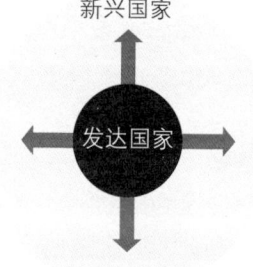

**新兴国家→发达国家**

错失新兴国家市场（拥有微型消费者的巨型市场）

从新兴国家市场的真正需求着手

符合发达国家消费者的产品和定价在社会经济条件不同的新兴国家却卖不出去。最终导致跨国企业的全球本土化战略失败。

通过开发完全不同的产品，降低价格，提高性能，在35万亿美元的市场中取胜，同时在发达国家也成为热卖产品。

这些企业没有简单地改变或降低发达国家热门产品的性能，直接进行全球本土化，而是面向新兴国家生产了全新概念的新产品。

因此，可以说，在新兴国家从零开始建立新计划，是成功的关键之一。

## 战略意义上的"逆向创新"

我认为，以美国大型企业通用电气为中心提出的逆向创新概念具有重要的意义。其实，通用电气自身在新兴企业所在的市场中也产生过许多烦恼。

逆向创新就是将市场的现象概念化（公式化）。

比如日本汽车制造商在20世纪60年代进入美国市场之后，许多亚洲新兴国家的企业也陆续进入美国市场一样。

在维杰伊·戈文达拉扬和通用电气将这个市场现象概念化之前，包括通用电气在内的美国企业只能被动地受制于这个现象。

现在，企业把现象概念化（公式）运用于自身后，逆向创新成为一种战略，它将是包括通用电气在内的跨国企业征服新兴市场的武器。

古代兵法家孙子曾说过兵力强或士兵竭尽全力的时候容易取胜，这只是孙子将战场的现象概念化，而并非是孙子决定的战场规则。

在这个世界上，能够用概念表现出来并且得到灵活运用的便是战略。

牛顿写出力学公式之前，重力就已经存在于世界上了，而牛顿只是将各种现象用公式表现出来而已。

如果说将自然现象公式化的人是科学家的话，那么战略家就是指将社会现象公式化并应用于商场的人。战略家将局部现象公式化之前，会先用战略化的方式表达出来，使这些社会现象成为适用于世界"战场"的武器。

## 从零开始，进军新兴市场

上文的一些例子告诉我们，单纯运用过去的成功经验进军新兴国家市场，直接销售原本在发达国家畅销的商品，最终可能导致产品滞销。企业要根据新兴国家的需求，投入资源，生产新的产品，这样才能获得成功。

理解逆向创新的构造，就能体会到美国社会战略思想家的强大之处。正是由于他们的战略创新，使发达国家的跨国企业几乎占领了新兴国家的庞大市场。

维杰伊·戈文达拉扬认为，逆向创新使得拥有最新技术的跨国企业为大多数发展中国家的人民提供了更丰富、更健康的生活，这在一定意义上可以说是一种社会变革。他本人也正在推进一项名为"300美元之家"的超低价住宅项目。他确信，逆向创新可以在获得收益的同时改善贫困阶层的生活状况。

> **维杰伊·戈文达拉扬**
> 1949年出生于印度。他取得了哈佛商学院的博士学位，是通用公司原招聘教授兼主咨询顾问，也是战略管理和革新的世界权威。

# 30 适应性战略

## 史蒂芬·哈克尔"适应性企业战略":让每个人都能自主判断,自主行动

为什么7-ELEVEn便利店的员工能够预测畅销商品?

## 取胜的战斗机飞行员,他有什么样的行动周期?

美国空军曾研究过空战中获胜的飞行员与失败的飞行员之间的差异。约翰·伯伊德将军总结出了"OODA决策循环",也就是越能迅速完成特定行动的飞行员(战斗机)在空战中就越占优势。

> **空战中飞行员的信息处理过程:**
> ① Observation(从周围环境中观察信号)
> ② Orientation(分析这些信号)
> ③ Decision(选择合适的对策)
> ④ Action(实行所选的对策)

取每个单词的首字母,称作"OODA"。

但是,由于20世纪50年代的喷气式发动机技术突飞猛进,让飞行员们面临着一个严峻的问题——战斗机的速度大幅度提升,所有飞行员的反应都相对变慢了,导致他们过去的技能都失效了。

后来,技术人员通过改进测量仪表解决了这一问题,只将必不可少的信息放到飞行员眼前,并通过电脑软件控制机体。为了快速地应对情况变化,操作系统可以自行更新。

## 判断赶不上环境变化

在纽约郊外的IBM Palisades公司,高管们填写了一份问卷调查,题目是:"你认为你所在的组织在今后10年间会遇到什么样的变化?"有四分之三的人都回答了:"会遇到一些不连续的变化。"

这说明,企业的高管们意识到企业已经迎来了不连续变化"连续发生"的时代,这让他们感到不安。那么,在这样的环境下应该怎么做呢?

正如在《适应性企业战略》[1]一书中所提到的,我们如何才能走出这片充满未知数的危险水域呢?

于是,哈克尔提出了"意识–反应"模式(Sense & Respond)作为解决方法,即要求企业感知顾客的需求,并响应需求做出一系列的行动。

另外还有一种思考方法则与之相反,在《适应性企业战略》中也有介绍,即"命令–支配"(Make & Cell)模式,也就是工业化社会的金字塔结构。下面,我们来对比两种模式。

### 命令–支配(Make & Cell)

在能够预测变化的前提下,将"有效率地执行计划"作为目标。

### 意识–反应(Sense & Respond)

在无法预测变化的前提下,将"适应目前的状况"作为目标。

"意识–反应"模式是原IBM战略研究专家史蒂芬·哈克尔所提供的,在他1999年出版的著作《适应性企业战略》中第一次出现。

## 目的地变了,就要换一条公交线路

哈克尔对"命令–支配"模式和"意识–反应"模式的区别进行了

---

[1] Stephan H. Haeckel, *Adaptive Enterprise: Creating and Leading Sensee-Andee-Respond Orgnizations*, Harvard Business Review Press, 1999.(文中书名为暂译名。)

说明，他用固定路线行驶的公交车和根据乘客要求路线行驶的出租车为例进行了解说。

乘客乘坐公交车，却临时改变了目的地，那么就必须从公交车上下来。而出租车则会随时按照顾客的要求改变路线。因为出租车没有固定的路线，而是"满足需求"型的体系。也就是说，"意识-反应"型企业由顾客来决定"去哪"。

哈克尔认为，相比以实行计划为目的，企业更应该像出租车那样，将眼前的顾客带到他们想去的地方，这要求企业具有一定的适应能力。

那么要成为适应性强的企业，经营者和领导者应该做些什么呢？

## 实现"意识-反应"模式的三个机制

"了解眼前顾客的需求。"说起来容易，真正做起来却很难。

我们都知道，出租车司机之所以能够按照顾客的要求行驶，是因为顾客也决定了目的地以外的其他要素。在《适应性企业战略》中，出现了"行为情境"这个词，组织内的每一个人为了符合"意识-反应"的概念，都需要拥有一定的自律性，而"行为情境"能够决定自律性。

> **引导组织做出适当行为的要素**
>
> ・存在理由：企业的存在理由。主要业务是什么？能为社会提供什么价值？
>
> ・治理原则：实行某种行为时，得到的是好评还是差评？
>
> ・组织结构：各部门在组织中充当什么角色？与其他部门的关系如何？

以出租车为例，它的"存在理由"就是满足顾客随时移动的需求。"治理原则"是在获得销售额最大化的同时，得到客户的好感。"组织结构"是指司机和车辆管理、出勤管理等各部门的不同职责，以及相互关系。

这三个要素成为形成自律的"意识-反应"的向导。

## "意识-反应"模式下7-ELEVEn便利店的结构

哈克尔虽然没有提及7-ELEVEn便利店，但作为适应性企业，我认为它是一个很好的参考案例。

7-ELEVEn便利店允许每个分店的负责人根据各地的天气、特殊状况以及以往的销售情况等自行判断，调整订货。

畅销书作家胜见明写过一本《为什么在7-ELEVEn工作三个月就能懂管理学？》[①]，书中介绍说7-ELEVEn设立了订货小组，让每个店的工作人员对第二天的畅销商品进行预测和订货，然后用POS（销售时点信息系统）的数据对结果进行验证。

对畅销商品进行预测，然后通过POS数据进行验证，从而决定第二天的订货，这个可以说就是接近"意识-反应"模式的行为。

7-ELEVEn便利店的社长兼CEO铃木敏文指出：

> POS系统最容易被人误用的地方就是，在订货的时候根据POS显示的销售排行来订货……"明天的顾客"，他们的需求要通过对明天的畅销商品进行预测来决定，POS只能用于验证预测，而不能成为订货的根据。[②]

也就是说，7-ELEVEn先预测未来的畅销商品，然后对结果实施"意识-反应"策略。

如果将这两个阶段用"商品计划"和"商品销售"来替代思考就会更明了。商品计划中包含预测，而商品销售要求对眼前的顾客做出

---

[①] 胜见明著：《为什么在7-ELEVEn工作三个月就能懂管理学？》，PRESIDEN出版社，2009年5月。书名为暂译。
[②] 铃木敏文著，尹燕燕译：《想法No.1：突破成长的烦恼》，北京：东方出版社，2010年1月。

正确的反应。

其实,"顾客反应之后再做判断"这种情况也伴随着某种预测。就像菜单一样,如果菜单的内容非常符合顾客的预期,那么顾客就不会提出复杂的要求。可以想象一下,没有菜单的餐厅点餐的情形,顾客要将想吃的午餐详细地告诉餐厅。

## 预测与"意识-反应"相互依存

哈克尔将实施"意识-反应"的公司称作"适应性企业"。那么,企业应该在哪些方面使用适应性战略,哪些方面又不能使用适应性战略呢?我们有必要划清这个界限。

就像经营出租车,要使司机当日的收益最大化,可以让司机自由地规划行车路线。这其中就包含着预测,如果司机的路线与乘客所在的场所一致,乘客就会顺利乘车。纯粹的"意识-反应"只存在于乘客直接委托出租车去接他们,这种情况相比"司机的预测+乘客的需求"要少很多。

当司机的预测不符合乘客需求时,就需要符合"意识-反应"的"电话预约系统"的介入。它是"补充预测"的一种手段。

这就像企业给产品研发部一定的自主判断,促使它们寻找新的创意,这在一定程度上也是随机应变的一种方式。"预测"和"意识-反应"相互依存,"意识-反应"为"预测"作补充,或者说,"意识-反应"为"预测"减少风险。

## 降低预测的风险,追求最大限度的可能性

综上所述,我们已经知道"适应性战略"是为了降低企业"预测"的风险。

比如汽车这种商品，在介绍"时基竞争战略"时我们曾指出，"购买者选择颜色"之后再进行生产，可以避免按照预测的颜色生产，最后却成了库存堆积商品的风险。

"意识−反应"并不是要排除"预测"，而是为了让"预测"更准确、更有价值，是衡量"预测准确性"的一种方法。因此，我们应该尽量灵活使用"意识−反应"的概念（7-ELEVEn用POS验证预测的准确性，就是灵活应用"意识−反应"的例子）。

> **让我们来总结一下"适应性企业战略"：**
> - 降低预测风险；
> - 扩大预测的可能性。

当"预测的正确率"与风险的关联较小时，预测者就会追求更大胆、有更大可能性的预测。

有人将适应性战略误解为可以"不做预测就直接实行"，但是只要我们仔细分析就会发现，"扩大预测的可能性"和"规避预测风险"是可以兼得的。

例如，汽车销售指南会刊登多种颜色的汽车，企业在零库存的情况下接受订单，然后根据顾客的选择进行预测后再扩大生产，就能大大降低因生产多种颜色的车辆而造成库存堆积的风险。

> **史蒂芬·哈克尔**
> 在华盛顿大学取得MBA学位，IBM前战略研究人员。1993年与他人共同发表论文，提出了"意识−反应"模式。

# 结　语

**打开通向未来的窗，要在战场上找到突破口**

人类经历3000年的历史，获得了许多重要的战略，而那些找到突破口的人物，都拥有着奇妙的事迹。

当然，找到突破口的过程并不简单，他们必须持之以恒、深思熟虑、纵览古今，也要果敢决断。

从他们的故事中，我们最应该学习的是他们的信念：无论什么样的屏障，都能够跨越。当我们了解了那些战略的睿智，自身也会获得能力的提升，更容易突破生活和工作中的障碍。

**亚历山大大帝即使身处战场，也要将《伊利亚特》放在枕边**

在公元前3世纪创建了巨型帝国的亚历山大大帝，他在战场中也时常将历史叙事诗《伊利亚特》放在枕边。

这本书记载了著名的特洛伊战争，亚历山大大帝认为它是最好的军事战略书籍。由此可见，就连亚历山大大帝这样的人物都认为历史是最好的教科书。

历史告诉我们，任何事情都可能发生。历史还告诉我们，优秀的战略超越了我们的日常生活，拥有难得一见的创意。正是历史上的这些英雄和战略家，让我们知道人生充满无限的可能性。

没有意识到屏障，也就不会有闭塞感。如今，无论何处都充满了闭塞感，因为我们在生活和工作中经常会遇到屏障。

当我们回顾历史，会觉得所有的事情都是理所当然。但是历史上的人们，却是拼尽全力才找到了突破口，找到新的可能性。

**如今，历史和战略是最强的武器**

本书开头我就已经阐述过学习历史的重要意义。

它为我们探索未来提供线索，为我们在黑暗中照亮方向，还教会我们千百年来的人类智慧。

从上古至今，从未改变的是时代的匆匆脚步，世界总是崭新的。

不下雨的天，不会有人撑伞。没有屏障，人们就不会使用穿越屏障的工具。

回归历史和古典也许就是顺利走向下个时代的武器。

历史作为人类的智慧可以说是人类生存下去的武器。

战略是人类在跨越屏障时用来思考的武器。

我们要时刻打磨这两个最重要的武器，有了它们，我们就不会再对遇到的屏障束手无策了。

当我们面对屏障拿起武器的同时，不要忘记迈出前进的脚步。无论是在日常生活中，还是在商务活动中，我们都需要跨越屏障。从更高的层面来说，我们也许还会需要跨越社会以及人类将面对的屏障。

在此，我要感谢钻石社让我有幸能够执笔此书回顾3000年的历史。

另外还要感谢责任编辑市川有人先生，在写作上给予我极大的帮助，并协助我完成了本书。

越是艰难的时代，我们越要燃起跨越屏障的信念，不断寻找突破口。因为任何微小的突破口，都有可能成为通向未来的大门。

如果阅读本书的读者能够从本书学到一些技能，能够利用历史和战略的武器去开拓崭新的未来，我将不胜荣幸。

希望本书能够成为大家的《伊利亚特》。

2014年7月

铃木博毅

# 出版后记

"战略"一词原是军事用语，用来表示指导全局的计划和策略，后被引申用于政治和经济领域，泛指统领性、全局性、左右胜败的谋略、方案和对策。20世纪60年代，战略思想开始运用于商业领域，并与达尔文的"物竞天择"进化思想一起成为战略管理科学的两大思想源流。

俗话说商场如战场，竞争是残酷的。我们可以把商业的领域看作是现代的战争，不论是跨国大企业、本土小公司，还是刚刚冒出来的创业公司，他们都在同一个市场上竞争，要面对强大的、新兴的竞争对手，以及那些想要踏进自己领地的入侵者。人们眼中看到的是企业的壮大、创业者的成功和创新者的无往不利，却没有看到他们拼尽全力在商战中厮杀。实际上，没有人真正去关注那些失败者，尽管失败者们才是大多数。

那么如何避免成为大多数？如何在商场的混战中取胜？又如何巩固自己的成果呢？本书为我们总结了3000年来人类历史上伟大人物的成功之道和他们的伟大战略。

从人类历史上的第一本战略著作《孙子兵法》开始，到迈克尔·波特的竞争战略，日本战略咨询大师铃木博毅，为我们一点一点地剖析古代的战争战略和现代经营战略理论，以及它们是如何应用于现代企业经营之中。亚历山大大帝、拿破仑、克劳塞维茨，他们久经沙场的军事部署如何契合现代商业环境和商业竞争？科学管理法、准时生产法、时基竞争、追求卓越和基业长青，这些总结了无数成功和失败案例的企业战略理论，又是如何提纲挈领，为所有有志于创业创新和追求成功的人提供方向和策略？中国人向来崇尚"以史为鉴""以史为镜"，在商业领域竞争，我们也要从历史中汲取智慧和教训，借鉴伟人们的成功之处，避免他们曾经犯过的错误。所以，这样一本精炼、全面的战略史，是最好的选择，让你不用硬着头皮去啃那些经典巨著，也能纵览全球3000年的重要战略。

不断更新的科技带来不断更新的商业模式，也需要我们不断地革新经营理念。但是，我们仍然需要战略为我们领路，为我们规划未来。从本书开始，用30课，一举将战略的来龙去脉纳入囊中，为未来做准备，成为自己的领路人。

服务热线：133-6631-2326　188-1142-1266

读者信息：reader@hinabook.com

后浪出版公司

2016年7月

图书在版编目（CIP）数据

胜利的法则：从孙子兵法到麦肯锡的商业战争智慧 /（日）铃木博毅著；邓一多译.
—南昌：江西人民出版社，2017.4

ISBN 978-7-210-08891-2

Ⅰ.①胜… Ⅱ.①铃…②邓… Ⅲ.①企业战略—研究 Ⅳ.①F272.1

中国版本图书馆CIP数据核字（2016）第270182号

KODAI KARA GENDAI MADE NIJIKAN DE MANABU SENRYAKU NO KYOSHITSU
by HIROKI SUZUKI

Copyright © 2014 HIROKI SUZUKI
Chinese (in simplified character only) translation copyright © 2017 by Ginkgo (Beijing) Book Co., Ltd.
All rights reserved.
Original Japanese language edition published by Diamond, Inc.
Chinese (in simplified character only) translation rights arranged with Diamond, Inc. through BARDON-CHINESE MEDIA AGENCY.

图字：14-2016-0298

## 胜利的法则：从孙子兵法到麦肯锡的商业战争智慧

作者：[日] 铃木博毅
译者：邓一多　责任编辑：胡滨　赵婷
出版发行：江西人民出版社　印刷：北京中科印刷有限公司
690毫米×960毫米　1/16　16印张　字数：177千字
2017年4月第1版　2017年4月第1次印刷
ISBN 978-7-210-08891-2
定价：45.00元
赣版权登字—01—2016—686

---

后浪出版咨询(北京)有限责任公司常年法律顾问：北京大成律师事务所
周天晖　copyright@hinabook.com

未经许可，不得以任何方式复制或抄袭本书部分或全部内容
版权所有，侵权必究

如有质量问题，请寄回印厂调换。联系电话：010-64010019

# 直觉：
## 我们为什么无从推理，却能决策

著　者：[德]格尔德·吉仁泽
书　号：978-7-5502-6561-5
页　数：224
出版时间：2016年10月
定　价：36.00元

芝加哥大学思维决策课

读懂了直觉，你就读懂了一切社会现象

## 著者简介

格尔德·吉仁泽（Gerd Gigerenzer），社会心理学家，德国柏林马普所（Max Planck Institute）人类发展研究中心主任，曾任美国芝加哥大学心理学教授和弗吉尼亚大学法学院客座教授。

他因在判断和决策上众多开创性的研究和理论建树而享誉全球，1991年获得"美国科学促进会行为科学研究奖"，2002年获得德国"科学书籍奖"。他的课是"最权威而又最生动的"，雅俗共赏且富有启发性，听他课的人包括小学生、医生、银行家、企业家、政治家等各领域的人士。

他著有十几部具有重要影响力的著作，本书就是其中最具代表性的一部。在这本书的启发下，诞生了许多重量级的畅销书，《引爆点》就是其中一例。诺贝尔奖获得者赫伯特·西蒙这样称赞这本书："他的研究是认知科学中的一次革命，给理性推理法重重一击！"

## 内容简介

直觉绝不是冲动和反复无常的东西，它拥有自己的原理和规律。

作者以极为通俗的笔法，揭示了平凡无奇的选择背后那些奇妙的心理学原理。这些原理，打开了我们的一双慧眼，让我们得以一窥自己、他人乃至许多社会现象的本质。

直觉有迹可循，便可以训练和提高。

作者通过大量的案例，归纳了提高直觉力的六大法则。这些可以练习的法则，激活人脑的潜能，在不确定的世界里，可以帮我们快速而精准地决策，抓住转瞬即逝的机会。

# 合适：
# 从升学择校、相亲配对、牌照拍卖了解新兴实用经济学

著　　者：[日]坂井丰贵
书　　号：978-7-210-08768-7
页　　数：168
出版时间：2016年9月
定　　价：38.00元

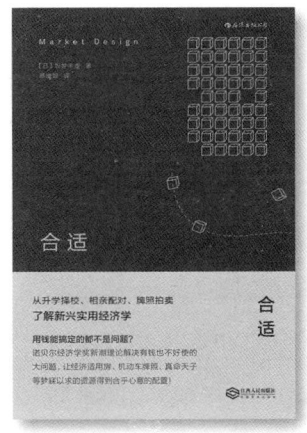

招生、选课、分配宿舍和实习岗位，系统如何设计才合理？经济适用房、机动车牌照该如何分配？有些东西不能用钱来买，怎么分才能让各方满意？

诺贝尔经济学奖新潮理论，用人人都能懂的算法解决这些实际问题，力图让资源得到合乎心意的配置。

**内容简介**

长久以来，用何种方式将东西交到最合适的人的手中，一直是经济学家致力解决的问题。在一般商品市场中，价格决定商品的分配：你出得起价钱，就能获取心头好。可是出于道德或公平的考量，有些市场没有或者无法标出价格。此时，经济学家的任务就是设计出合理的"游戏规则"，引导参与者真实地表达意愿，有效地分配资源。

2012年，诺贝尔经济学奖最终指向了创造性地解决了上述问题的"市场设计"领域。该理论极具实用价值，挽救了众多肾衰竭患者的生命，改善了城市管理者颇为头疼的升学择校制度，甚至为美国政府带来了高达780亿美元的牌照拍卖收益……

作者为日本经济学界新晋翘楚，轻松剔出现实问题的骨架，将之精简为可供剖析的案例，依次揭示出单边匹配、双边匹配和拍卖问题的内在逻辑。沉浸书中，你会惊艳于看上去如此"简单"的方法竟然能够释放出如此巨大的能量，同时也一定会为经济学家思维的层次感与创造力所折服。

# 你充满电了吗？

著　　者：[美]汤姆·拉思
书　　号：978-7-210-08298-9
页　　数：232
出版时间：2016年8月
定　　价：48.00元

**Amazon读者五颗星满分推荐！来自《纽约时报》和《华尔街日报》的超级人气畅销作家最新力作！**

在过去的二十年中，拉思出版了五本畅销全球的著作，包含《纽约时报》销售冠军《你的桶子有多满》《盖洛普优势识别器2.0》等。汤姆·拉思的作品总销量已经超过六百万册，在《华尔街日报》畅销书榜中更是出现超过300次。

**3大关键，21个细节，让你每天都状态满格，效率满点！**

调查显示，超过七成的白领受困于日常工作状态，无法提升工作效率。汤姆·拉斯汲取来自商业、心理学和经济学的最新且最实用的研究，提出解决这一问题的三大关键，从涉及工作、社交以及日常生活的21个细节出发，全面给你充电，彻底摆脱"充电两小时，通话五分钟"的窘境。

## 内容简介

是不是每隔一段时间总有那么几天无心工作，也不愿与人交往，身心俱疲，找不到状态？你该充电了！身为盖洛普咨询公司高管的本书作者，利用手头的海量资源进行了大范围的调查研究，结合来自商业、心理学和经济学的最新研究成果，提炼出让你精神饱满、能量满格的三大关键因素，并从数千条备选策略中，精选了21个让你快速充电的方法。翻开本书，开启"电力十足"的自己，为自己和他人创造更充实的一天吧！